100년 가는
작은 가게

100년 가는 작은 가게

펴낸날　　초판 1쇄 2020년 8월 28일

지은이　　이정우
펴낸이　　서용순
펴낸곳　　이지출판

출판등록　　1997년 9월 10일 제300-2005-156호
주소　　03131 서울시 종로구 율곡로6길 36 월드오피스텔 903호
대표전화　　02-743-7661 **팩스** 02-743-7621
이메일　　easy7661@naver.com
디자인　　박성현
인쇄　　(주)꽃피는청춘

ⓒ 2020 이정우

값 15,000원

ISBN 979-11-5555-139-4　　03320

이 도서의 국립중앙도서관 출판시도서목록(CIP)은 e-CIP홈페이지(http://www.nl.go.kr/ecip)와
국가자료 공동목록시스템(http://www.nl.go.kr/kolisnet)에서 이용하실 수 있습니다.
(CIP제어번호: CIP2020034164)

성공하는 작은 가게 **창업 · 경영 전략 따로 있다**

100년 가는
작은 가게

● 이 정 우

이지출판

저는 20여 년간 한식, 분식, 양식, 일식, 카페 등 다양한 외식업을 경영해 왔습니다. 지금은 떡 제조업을 하며 경력단절여성과 청년사업자를 대상으로 창업 관련 강의를 하고 있습니다. 이 창업 교육의 특징은 '창업을 하려는 이유'를 찾는 것에 많은 비중을 둔다는 점입니다.

카페 외식업의 성공률은 창업 준비를 어떻게 얼마나 많이 했느냐에 달려 있습니다. 그렇다면 무엇을 어떻게 준비해야 할까요? 가장 중요한 것은 타깃 고객도 아이템도 아닙니다. 바로 창업을 하려는 자신을 깊이 들여다보는 시간이 필요합니다. 모두 자신을 잘 안다고 생각할지 모르지만, 그 과정이 만만치 않다는 것을 깨달아야 합니다.

문턱이 낮은 카페 외식업은 쉽게 시작할 수 있지만 유지하기가 매우 어렵습니다. 작지만 오래가는 가게는 내가 '즐거운 공간'이 되어야 합니다. 내가 그곳에 있는 것이 진정으로 기쁘고 행복해야 100년 가는 가게를 만들 수 있습니다. 저는 20여 년간 외식업을 경영하며 많은 시행착오를 겪었습니다. '이렇게 하면 안 되는구나' '이런 방법이 통하는구나'를 반복하며 작은 가게 성공법에 대해 깊이 고민했습니다.

창업 교육은 자기소개를 시작으로 교육 신청 목적을 쓰게 됩니다. 그때 많은 분들이 막연하게 생각했던 내용들을 정리하면서 자신을 돌아보는 계기가 되었다고 합니다. 자신이 추구하는 가치를 알게 되고 꿈을 이룬 모습을 구체적으로 상상하며 목표를 세웁니다. 같이 고민하고 서로를 응원하는 시간을 거치며 한 단계 성장하게 됩니다. 스스로 만들어 나갈 수 있는 자생력을 길러야 지속 성장이 가능하기 때문입니다.

이 책은 창업 교육의 핵심 내용을 꼼꼼하게 정리한 것입니다.

어려운 시기에 창업을 준비하거나 작은 가게를 운영하고 계신 분들에게, 자신만의 콘셉트로 행복한 공간을 만들 수 있도록 도와드리는 것이 이 책을 펴내는 이유입니다.

대한민국에 '100년 가는 작은 가게'가 많아지기를 소망합니다.

2020년 여름

이 정 우

차례

제2장

작은 가게 사장으로 성공하는 법

100년 가는
작은 가게

제4장

작은 가게 사장으로 자리잡는 법

제5장

100년 가는 작은 가게 사장이 된다는 것

제1장

작은 가게 사장이
되기 전에
알아야 할 것

01
창업을 하려는 이유,
사업하기 전 어떤 삶을 살고 싶은지
목적의식부터 가져야 한다

사업을 시작하기 위해 뭔가를 결정해야 할 때 당신은 어디서 그 답을 구하는가? 먼 곳에서 찾을 필요 없다. 답은 곧 자신에게 있기 때문이다. 자신의 이력과 경험을 살려 최적의 사업 아이템을 찾는 것이야말로 성공으로 가는 지름길이다. 내가 누구인지, 어디로 가고 싶어 하는지가 곧 내가 하는 일과 성취하는 바를 결정짓는다. 목적의식에 따라 사는 삶은 그 무엇보다 강력하고 어려움을 이겨 낼 수 있는 힘이 된다.

■ 성공하는 습관

큰 목표를 일궈 낸 기업인들은 디테일에 강하다. 뚜렷한 목표를 가지고 그것을 이루기 위해 사소한 습관을 쌓아 나간다. '혁신 아이콘'으로 평가받는 팀 페리스는 《타이탄의 도구들》에서 '승리하는 아침을 만드는 5가지 의식'을 소개했다. 잠자리를 정리하고, 생각을 관찰하는 명상을 하고, 가볍게 스트레칭을 한 후 차를 마시며 아침 일기를 쓰는 것이다.

과거를 돌아보며 내가 이뤘던 작은 성취를 떠올려 보면 소소하게라도 목표를 이뤄 냈던 기억이 있을 것이다. 작은 성공을 나열하다 보면 그것이 자신감으로 이어지고 작은 불씨처럼 할 수 있다는 용기로 번진다. 일등도 해 본 사람만이 할 수 있는 것처럼 성공하는 것도 습관이 될 수 있다.

사업을 시작하고 이 전쟁터에서 살아남으려면 '나는 무엇이다'를 끊임없이 재정의하는 것이 필요하다. 그것은 바로 당신의 사업에 전략적 나침반과 같다. 무엇을 하고 싶은지, 무엇을 다른 사람들에게 전하고 싶은지를 고민할 때도 도움이 된다. 업종 선택도 마찬가지다. 사업을 시작할 때 가장 중요한 업종 선정은 나의 가치, 자산, 욕구, 감정에 의한 결정이다. 존경할 만한 멘토를 정하고 자신의 가치와 습관을 그들처럼 바꾸려는 노력을 해야 한다.

경영자의 의지가 흔들리지 않으려면 사명이 있어야 하는데, 무슨 일이 있어도 목표를 달성하겠다는 의욕과 그 목표를 이뤄 사회에 기여하겠다는 목적의식이 그것이다. 사명은 경영자가 품은 강렬한 믿음이다. 강한 믿음이 있으면 어떤 고난도 헤쳐 나갈 수 있다. 위기에 직면했을 때도 절대 포기하지 않고 끈질기게 어려움을 극복해 나갈 동기가 된다. 사명에는 구체적인 내용이 있어야 한다. 직원들이 희망을 가지고 일할 수 있도록 회사의 비전을 말로 표현하고 잘 전달해야만 한다.

사명과 비전은 살아가는 데 기준이 되는 신조, 가치관을 기반으로 한 신념이다. 그러한 신조나 신념은 어느 순간에도 흔들리지 않아야 한다. 사업 내용에 변화가 생기거나 회사 규모가 커져도 바뀌지 않아야 하는 이유는 그것이 일의 근간을 이루는 철학이기 때문이다. 원하는 목표에 도달하지 못했을 때도 사명을 바꾸는 것이 아니라 사업 내용을 검토해야 하고, 매출이 오르지 않을수록 출발점인 사명으로 돌아가야 한다. 왜 회사를 창업하고 경영하려 했는지를 원점에서 다시 고민해야 한다.

사업은 단순하게 자신이 좋아하는 일을 하면서 돈을 벌 수 있는 폼 나는 일이 아니다. 사장은 자신을 믿고 따르는 직원들을 책임져야 한다. 매순간 판단과 결정의 연속이지만 주위를 둘러봐도 마땅히 물어볼 사람이 없다.

사업의 성패가 걸린 결정을 내려야 하는 순간도 있다. 왕관을 쓰려는 자, 마땅히 그 무게를 견뎌야 한다. 내가 사업을 할 준비가 되어 있는지, 모든 일에 책임을 질 각오가 섰는지 확인해야 한다. 그렇게 성공도 실패도 모두 책임지겠다는 의지가 생겼다면 이제 목표를 세울 차례다. 목표를 작게 나누면 계획이 되고, 그것을 반복하는 것이 성공으로 가는 습관이 되는 것이다.

■ 내가 추구하는 삶의 가치

당신은 무엇에 열정적인 사람인가? 당신이 끝없이 이야기할 수 있는 것은 어떤 주제인지, 다른 사람보다 잘하는 것은 무엇인지 생각해 보자. 내가 가치를 두고 있는 것은 건강한 삶이다. 건강하다는 것은 육체적 건강뿐 아니라 정신적 건강과 인간관계의 건강도 중요하다.

내가 사업을 하는 궁극적인 목적은 인연을 맺고 있는 모두의 '건강한 삶'이다. 스스로 어떤 사람이 되길 바라는지를 알아야 과정이 힘들어도 버틸 수 있는 힘이 생긴다. 단순히 돈을 벌겠다는 생각과 궁극적으로 자신이 원하는 삶을 살겠다는 마음은 시작부터 다르다.

100세 시대인 지금, 창업은 옵션이 아닌 필수가 되었다. 창업을 하게 되면 나의 밑바닥을 보게 되는 순간이 온다. 내가 창업한 목적이 명확하게 정리되어 있어야 한다. 만약 그렇지 않다면 극한 어려움이 닥쳤을 때 자신도 몰랐던 모습을 마주하고는 좌절하게 된다.

"나는 누구인가?" 창업을 하고자 한다면 가장 먼저 해야 할 질문이다. 살아온 날을 되돌아보며 나를 알아가는 것부터 시작해야 한다. 사업을 하면서 겪게 되는 일련의 일들은 각자 성향에 따라 풀어가는 과정에 영향을 주기 때문이다. 내가 추구하는 삶의 목적을 알았다면 절반은 성공이다.

길을 잃었을 때 역시 내가 있는 위치가 어딘지 알아야 도움을 요청할 수 있다. 스스로 길을 찾기 위해서도 마찬가지다. 잠시 가던 길을 멈추고 주위를 둘러보며 어디쯤에 있는지 확인해야 한다. 그다음 목적지를 확인하고 도달하기 위한 방법을 모색한다. 운이 좋다면 지름길을 찾을 수도 있다. '운도 능력'이란 말이 있다. 사업은 속도보다 방향이기 때문에 잠시 길을 잃었다고 당황할 필요가 없다. 가려는 목적지를 다시 확인하고 그렇게 한 걸음씩 내딛다 보면 원하는 위치에 도달할 것이다.

■ 마음가짐

먼저 사업을 하려는 그 업계에서 최고가 되겠다는 열망이 있어야 하고, 위기 속에서도 좌절하지 않고 기필코 해내겠다는 뚝심으로 끝까지 해결 방법을 찾아내야 한다. 그런 사장의 마음가짐이 사업의 성패를 좌우한다. 포기하지 않는 사장은 늘 새로운 방법을 찾고, 남들과 다른 방식으로 답을 찾아낸다. 1+1=2라고 답하는 것에서 벗어날 수 있어야 한다. 다른 사람과 똑같은 답을 하는 순간 경쟁력은 떨어진다. 1+1=5가 될 수 있게, 10이 될 수 있도록 만들어야 경쟁에서 이길 수 있다.

개인사업자가 창업을 하고 5년을 유지할 확률은 5% 정도라고 한다. 여러 가지 이유가 있겠지만, 나는 시작이 잘못되었을 확률이 높다고 생각한다. 성공한 사업가들을 보면 대부분 실패 경험이 있다. 그들은 업의 본질을 제대로 파악하지 못했거나 시장 환경을 철저하게 분석하지 못하고 시작한 경우다. 하지만 어떤 역경을 겪더라도 다시 도전한 사람만이 성공한다. 반드시 해내고야 말겠다는 강한 의지와 집념이 있어야 살아 남는 것이 사업이다.

경영자는 누구나 자신의 목표를 실현하여 꼭 성공하겠다는 꿈을 꾼다. 그런데 그 꿈을 직원들과 거래처, 협력사와 같이 꾼다면 현실이 될 것이다. 진정한 결속력은 모두 같은 방향의 꿈을 향해 나아갈 때 생긴다. 아무리 뛰어난 사장도 혼자 할 수 있는 일에는 한계가 있다. 직원은 말할 것도 없고 거래처뿐 아니라 협력사의 도움도 절실히 필요하다. 그래서 경영자의 꿈은 눈에 보이는 형태로 쉽게 전달하고 공유해야 한다. 비전을 세웠다면 그것을 바탕으로 현실화하는 것이 경영이다.

관점을 달리하면 제품이나 서비스에 대한 인식도 달라진다. '모든 것은 마음먹기 달렸다'는 식상한 말이 진리다. 주변에서 일어나는 모든 현상들은 나름의 이유가 있다. 만약 '사고가 생겼다면' 그 자체만

볼 것이 아니라 왜 그런 일이 생기게 되었는지 더 넓은 시야로 관찰할 필요가 있다. 이럴 때 경영자의 긍정적인 마인드가 결과를 다르게 만들 수 있다. '사고가 생긴 것은' 더 큰 사고를 미연에 방지하기 위한 것으로, 점검할 필요가 있다는 신호라고 생각하는 것이다.

작은 가게를 시작하는 사장은 휴일이 없다. 매장 문을 닫아도 해야 할 일이 끝이 없다. 이렇게 정주행해야 하는 것이 사업이고, 배움에 끝이 없는 것 역시 사업이다. 하지만 정말 중요한 것은 꼭 '사장만 할 수 있는 일을 해야 한다'는 생각을 가져야 한다.

사장은 회사를 대표하는 사람이다. 대표는 큰 그림을 그리는 전략을 짜야 하고, 그것을 실행하는 전술은 직원들이 해야 할 일이다. 나도 처음에는 모든 일을 내가 해야 직성이 풀렸고 당연히 24시간이 부족했다. 몸을 쓰면 머리를 쓸 수 없게 된다. 중심에서 한 걸음 뒤로 물러나야 전체를 볼 수 있게 되고, 그것이 핵심을 볼 수 있는 가장 확실한 방법이다.

사장의 마음가짐은 회사의 역량과 직결된다. 문제가 생기면 어떻게든 해결하고 위기에 봉착해도 방법을 찾아낼 수 있어야 그 자리를 지킬 수 있다. 그러기 위해서는 핵심을 파악하는 능력이 있어야 한다. 정형화된 사고방식을 버리고 다양한 관점에서 모든 일에 가능성을 열어 둬야 한다. 기존에 알고 있던 고정관념에서 벗어나 '열린 사고'로 모든 것을 관찰해야 한다. 그렇게 꾸준히 트레이닝하다 보면 어느덧 성장한 나를 만나게 될 것이다.

02
창업하기 전에
반드시
경험해야 할 것들

시작하기는 쉬워도 안정적으로 지속해 나가기 어려운 업종이 외식업이다. 외식업을 시작하려면 이 업계를 충분히 이해하고 경험해 봐야 한다. 우리가 잘못된 길에 빠지는 것은 무언가를 몰라서가 아니라 안다고 확신하기 때문이다.

창업하기 전 반드시 경험해야 할 것들을 지나친다면 창업 후 몇 배의 수업료를 지불해야 한다. 분명한 것은 경험하기 전의 계획과 경험 후의 계획이 180도 달라진다는 것을 명심해야 한다. 과거의 경험은 한계가 있다. 지금 내가 시작하려는 사업에 필요한 경험은 '지금부터' 해야 한다.

■ 경험만 한 자산은 없다

경험 없는 사람도 쉽게 창업할 수 있는 방법이 프랜차이즈 가맹이다. 창업에 실패하는 이유 중 하나가 경험의 부재인데, 프랜차이즈 창업은 본사의 경험과 노하우를 바탕으로 사업을 할 수 있어 초보 사장들에게는 유리한 점이 있다. 물론 프랜차이즈 본사가 탄탄한지 여부를 꼭 확인해야 한다.

창업에 대한 기본 검토가 끝났으면 이제는 몸을 움직여 직접 눈으로 확인하는 절차가 필요하다. 동종업계를 돌아보며 시장분석을 해야 한다. 발로 뛴 만큼 얻는 결과가 달라진다. 단순하게 둘러보는 것이 아니라 가능하면 상담까지 해 볼 것을 권한다. 실제 매장 운영 시스템을 보면 방향을 잡는 데 도움이 된다. 현장에서 피부로 느끼는 것을 메모하고 이런 자료들을 토대로 계획을 세워야 한다.

머리로만 했던 구상이 현실에는 어떻게 적용될지를 확인하는 작업이 필요하다. 이것 역시 벤치마킹이다. 나는 창업을 준비하면서 지속적으로 업계 매장을 방문했다. 사진 찍고 메모하고 제품을 구입하며 상담을 반복했다. 제품 상담을 해 보면 업체마다 특성이 다르다는 것을 알게 된다. 내가 추구하는 콘셉트와 외형은 비슷해 보여도 내용을 들여다보면 전혀 다른 경우도 있다. 많이 봐야 느끼게 되고 아는 만큼 보인다.

제조업을 준비하는 과정에서 프랜차이즈 떡 제조업체를 방문하여 사장님들을 만날 기회가 있었다. 그중 앞치마에 쌀가루가 잔뜩 묻어 있고 피곤한 기색이 역력하던 분이 생각난다. 내가 떡 제조업을 시작하려고 하는데 조언을 부탁드린다고 했더니, 첫마디부터 "이 힘든 걸 왜 하려고 해요? 지금 내 모습 좀 봐요. 보아하니 힘든 일도 못할 것 같은데 다른 일 알아보는 것이 좋겠어요" 하고 걱정을 쏟아 놓았다. 그때 나는 그분이 경쟁자가 생기는 것을 원치 않는다고 생각했다. 그분의 진심을 못 알아본 오만의 대가는 무엇을 상상하든 그 이상이었다.

아이러니하게도 지금은 내가 그 입장이다. 창업을 하겠다고 찾아오는 분을 상담하는 일이 많아졌다. 물론 나는 직접 경험해 보는 것을 가장 먼저 추천한다. 실제로 우리 매장에 취업해서 일을 해 본 이들도 제법 있다. 경험을 한다는 것은 여러 가지를 확인할 수 있지만 가장 먼저 내 자신을 판단하는 기준이 된다. 본인의 역량은 자신이 잘 알고 있다고 생각하지만, 안타깝게도 현장에 투입되고 나서야 많은 부분이 부족하다는 것을 느끼게 된다. 그래서 경험이 필요한 것이다.

시장을 분석한다는 것은 리서치 회사의 통계나 전문가들의 트렌드 동향에 관한 글만으로는 판단하기 어렵다. 내가 직접 보고, 듣고, 느껴야 전문가의 조언이 귀에 들어온다.

사업은 자신감과 열정만으로 할 수 없다. 치열한 프로의 세계에 발을 디디려면 프로가 되어야 한다. 아마추어는 자신이 모든 것에 능숙하다고 생각한다. 프로는 자신의 능력 범위를 이해한다. 어떻게 해야 좋은 결과를 얻을 확률이 높은지, 그것을 유지하려면 어떻게 해야 하는지 알아야 한다. 자신의 강점에 초점을 맞추고 자신이 약한 곳에서 누가 강한지 알아내는 데 집중해야 한다.

■ 같은 업종에서 직원으로 일해 보자

실전 경험을 배울 수 있는 학원은 거의 없다. 창업하려는 업종이 외식업이라고 메뉴 개발에만 올인한다면 어떨까? 홍보나 마케팅만 잘하면 된다고 생각한다면 과연 승산이 있을까? 물론 선수라면 가능하다. 하지만 초보 창업자라면 꼭 거쳐야 하는 필수 코스가 있다. 내가 하려는 업종과 비슷한 규모의 매장에서 직원으로 일을 해 보는 것이다. 단지 손님으로 가서 보는 것으로는 절대 알 수 없는 것이 숨어 있다. 많은 사람에게 똑같은 이야기를 반복해도 이것을 간과하는 것이 안타깝다. 이건 내가 뼈저리게 느낀 경험에서 나온 철칙이다.

내가 시행착오를 겪은 이유는 '안다고 확신'했기 때문이다. 나는 외식업 경험이 많다고 자부했기에 제조업도 같은 맥락으로 이해했다. 20년 전 초심을 잃고 자만에 빠졌다. 문제는 오픈하는 날부터 생기기 시작했다. 제조업은 제품을 생산해서 판매하는 프로세스가 요식업과는 완전히 다르다. 지금 생각해 보면 무식해서 용감한 전형적인 초보 창업가였다. 정신을 차리고 보니 1년이 지나 있었다. 안다고 확신했던 내 자신이 부끄러워 이를 만회하기 위해 밤낮없이 일에 빠져 살았다.

한 달만이라도 다른 제조업체에서 일을 해 봤더라면 나의 계획은 달라졌을 것이다. 초기 운영방법과 시스템을 익히느라 들인 수업료가 지금 내 연봉보다 많았다면 믿겠는가.

창업 후 2년쯤 지난 어느 날 곱게 차려입은 중년 여자분이 창업 상담을 하러 왔다. 경험은 없지만 '떡을 좋아한다'는 말을 하며, 우리 회사같이 백화점에 입점하는 떡집을 하고 싶다고 했다. 아마도 백화점 매장을 점검하러 나간 나를 본 것 같았다. 부디 지금쯤 그분도 구력이 쌓인 사장님이 되었기를 바란다.

요즘은 직원을 채용할 때 질문하지 말아야 할 것이 많아졌다. 하지만 내가 가장 중요하게 생각하는 것은 그들의 꿈이다. 외식업 주방장이나 제조업 기술자들은 대부분 작게라도 본인의 매장을 갖는 것이 꿈이라고 말한다. 나는 창업이 꿈이라는 직원들은 다른 방식으로 가르친다. 직원 입장에서 업무를 익히는 것은 필수지만 사장이 되고 싶으면 사장의 역할을 눈여겨보라고 한다. 단순하게 주인의식을 가지라는 말은 절대 아니다. 주인의식은 사장의 전유물이다. 직원의 눈으로는 보이지 않는 것도 본인이 사장이 된다고 생각하면 다르게 보이기 때문이다.

현장 경험은 실질적인 업무를 직접 함으로써 창업 때 겪을 어려움을 미리 체험하는 것이다. 이것은 내가 하려는 업종이 자신의 적성에 맞는지 판단하는 중요한 계기가 될 수 있다. 재료 구입부터 직원 관리까지 시스템을 익히면서 나름의 방법을 찾아가 보라.

고객을 상대하는 것 역시 직접 경험하지 않으면 알 수 없는 것이 있다. 시장과 고객에 대해 생각했던 것이 실제 현장에서는 전혀 다를 수 있다. 아마 이 기간 동안 새롭게 알게 되는 것들이 많을 것이다. 직원의 관점에서 체득한 실무 경험을 바탕으로 계획을 수정하고 보완해야 한다.

떡 기술자 중에 본인의 매장을 오픈했다 접은 사람이 많다. 이력서를 보면 5~6년차 정도에 본인 사업을 했다가 그만두고 다시 직원으로 들어오는 경우다. 이유는 대부분 비슷하다. "신경 써야 할 것이 너무 많아서 힘들었다." "직원으로 일하는 것이 속 편하다." 우리 회사 직원 중에도 퇴사 후 떡집을 오픈한 사람이 여럿이다. 그들 역시 경험이 많은데도 시행착오를 겪는다. 음식을 만드는 것과 경영을 한다는 것은 다른 차원의 일이다. 이제는 같은 입장에서 비슷한 고충을 토로하고 위로하며 서로에게 응원의 박수를 보낸다.

03

비즈니스의 본질,
고객의 불편함과 고민을 해결하면
돈이 보인다

비즈니스로 해결해야 할 문제는 소비자가 일상에서 느끼는 사소하지만 귀찮은 일들이다. 소비자는 불편함을 입 밖으로 잘 드러내지 않는다. 사업은 이것을 발견하는 것에서 시작한다. 그러려면 대상을 자세히 관찰하고 그들이 원하는 것이 무엇인지, 경험상의 문제점이 무엇인지 알아야 한다. 실질적인 나의 해결 방안은 무엇이며, 왜 나의 제품이나 서비스가 필요한지를 고객에게 납득시키는 것이 업의 본질이다.

■ 변함없으려면 변해야 한다

불교 교리 중 삼법인(三法印)의 하나로 '제행무상(諸行無常)'이라는 말이 있다. 우주 만물은 시시각각으로 변하며 한 모양으로 머물러 있지 않는다는 뜻이다. 그러나 사람들은 이를 항상 불변하는 존재라고 생각하기 때문에 잘못된 견해를 없애야 한다. 변함없이 그 위치를 유지하려면 계속 바뀌어야 한다는 말이다. 시장의 환경이나 경쟁상대, 고객의 눈높이는 반드시 진화한다. 고객에게 '변함없다'는 말을 듣기 위해서는 늘 고객의 불편함과 고민을 해결하며 변해야 하는 것이다.

　가족이라도 남편의 양말과 딸의 속옷을 한꺼번에 세탁기에 넣기 싫을 수도 있다. 그렇다고 많지 않은 빨래를 따로 돌리기도 어렵다. 이런 소비자의 고민을 해결해 준 것이 LG전자 '트윈워시'다. 통돌이 세탁기와 트롬 세탁기가 위아래로 있으니 세탁물을 구분해 동시에 빨 수 있다. 고객을 관찰하고 그들의 소리를 귀담아 들을 때 사소한 불편함을 발견하게 된다. 불편한 문제를 알게 되면 답을 찾는 것은 오히려 수월해진다. 매출은 소비자의 소소한 문제를 해결하기 위해 노력한 보상이 되는 것이다.

　일하는 엄마는 아이들이 소풍 갈 때 김밥 싸주는 것도 어려운 경우가 많다. 나의 큰딸이 초등학생 때 다른 친구들은 모두 엄마가 도시락을 싸준다며 부러워했다. 그래서 나는 김밥집에 도시락을 들고 가서 특별한 김밥을 주문했다. 그때 아이디어를 얻었는지 김밥집 사장은 '엄마표 수제 소풍도시락'이라는 신메뉴를 만들었고, 그게 인기를 얻어 예약을 많이 받는다고 했다. 고객의 고민을 해결해 준 결과다.

　기술과 산업이 발전함에 따라 소비자의 행동이 계속해서 바뀌고 있다. 그리고 소비자의 행동이 변하면서 마케팅 전략도 끊임없이 진화한다. 변화하는 소비자의 욕구와 구매 행동은 소비 트렌드로 나타난다. 이는 사업가들이 반드시 익히고 대응해야 할 중요한 포인트다. 특히 요즘은 공급자와 고객 간의 접점이 매우 다양한 채널로 구축되어 있다. 그래서 소비자를 기업이 원하는 방식으로 제어하기가 어려워졌다. 고객이 나의 제품을 매력 있다고 느끼고 경험하게 하는 것이 사업의 성패를 가르는 중요한 요인이 된다.

■ 사업의 본질

사업의 본질은 절대적 진리가 아니므로 정답이 없다. 어디까지나 누구에게나 있는 보편적 상황에 들어맞을 뿐이다. 다만 내가 정리한 내용이 사업을 시작해서 초기에 자리매김하는 데 도움이 되기를 바란다.

업의 본질은 많은 현상을 설명하는 근간이 된다. 그렇기에 단순하게 한마디로 표현해야 흔들리지 않는다. 본인이 사업을 시작한 목적을 정리하고 그것을 바탕으로 내 사업의 본질을 찾아 한 문장으로 정리해 보자.

끊임없이 고객의 불편함을 고민하고 해결책을 제시하는 노력이 필요하다. 경쟁자보다 더 많은 매출을 올리는 게 목표인 사업가도 있다. 경쟁자가 어떤 제품을 판매하는지 마케팅은 어떻게 하는지에 온 정신이 그곳에 가 있다면 어떨까? 이렇게 경쟁자에게만 집중하면 고객이 어디에 있는지 알 수 없다. 고객이 원하는 가치를 찾는 데 집중해야 한다. 경쟁자가 무엇을 하는지에 신경을 더 쓴다면 그 사장은 사업의 본질을 잊은 것이다. 무엇을 중요시하며 사업을 해야 하는지 분명히 알아야 한다.

방해를 받지 않고는 사업을 할 수 없다. 방해를 받지 않는 상황도 없다. 흔히 자신의 업종에 있는 업체만 경쟁자라 생각한다. 하지만 산업 간 경계가 무너지면서 경쟁자가 누구인지 파악하는 것조차 힘들어진 것이 현실이다. 경계가 허물어지는 것은 새로운 가능성이자 위기다. 하지만 위기는 곧 기회일 수 있다. 나는 전통적인 떡 제조업체를 운영하지만 제품과 교육 서비스를 결합하여 새로운 비즈니스 모델로 바꿔 나가고 있다. 본질은 사람과 사람을 연결하는 것이기 때문이다.

사업의 본질은 고객이 원하는 가치를 제공해야 한다. 시장의 경계가 없어지면서 새로운 가치체계가 형성되고 있다. 편의점이 커피숍을 위협하고 게임회사가 신발회사를 위협한다. 비즈니스는 결국 업종 간에 대립과 융합의 연속이다. 그러니 같은 업종에 있는 사람들은 더욱더 경쟁자를 존중하고 인정해야 한다. 경쟁자를 앞지르기 위한 노력보다 더 중요한 것은 업의 본질을 파악하고 시장에서의 경쟁력을 갖추는 것이다. 이에 따라 앞으로 10년 후의 당신 모습과 사업은 달라질 것이다.

■ 업의 특성을 알면 선점 기회가 온다

휴대전화 산업의 본질은 '커뮤니케이션'이다. 과거에도 그랬고 지금도 변함없다. 다만 휴대전화 비즈니스의 특성이 바뀌었다. 과거 휴대전화는 음성 통화 중심이었지만 지금은 사람들이 원하는 콘텐츠를 소비할 수 있게 해 주는 기능이 더 중요해졌다.

애플은 이 변화를 재빨리 알아차렸다. 다른 업체들이 사람과 사람 간 소통에 집중하고 있을 때 정보나 콘텐츠를 중개하는 핵심 수단으로 발전시켰다. 변화에 제대로 대응했고, 애플은 초일류 기업이 되었다. 한때 세계 최고의 휴대전화 제조업체였던 '노키아'는 그 변화를 미처 알아채지 못해 몰락의 길을 걸어야만 했다.

신사업 발굴은 전에 없던 새로운 것을 찾는 게 아니라 기존 사업에서 숨어 있는 기회를 찾는 것이다. 이처럼 누가 먼저 변화하는 업의 특성을 정확하게 인지하느냐가 사업 기회 선점의 관건이 된다. 그러기 위해서는 고객의 변화를 파악하는 것이 중요하다.

업의 특성에 맞는 새로운 업의 발견은 역발상을 통해 기존 사업에서 파생되는 다른 가치를 찾아내는 것이다. 기존 업에서 발상의 전환을 통해 새로운 핵심역량을 갖게 된다. 이런 원리를 잘 적용한다면 사양산업으로 간주되는 전통적인 제조업에서도 고부가가치 신사업을 찾아낼 수 있다.

새로운 업을 발견하기 위해서는 먼저 업의 특성이 변하는 이유를 알아야 한다. 업의 특성이 변하는 이유는 업을 둘러싼 환경 요인들이 변화하기 때문이다. 사회적 환경과 인구통계적 환경의 변화는 사람들의 소비 니즈를 변화시켰다. 최근 우리나라 1인가구의 비중이 급격하게 늘고 있다. 통계청이 5년마다 실시하는 인구주택 총조사에 따르면 2018년 1인가구가 전체 가구 중 32%를 넘어섰다고 한다. 2047년에는 10가구 중 4가구가 1인가구일 만큼 급속도로 늘어날 전망이다.

1인가구의 열풍은 전 세계적 현상이다. 노르웨이는 47.5%, 덴마크 43.5%, 핀란드 41.7% 등 북유럽 국가는 1인가구 비중이 40%를 넘고 일본도 34.5%에 달한다. 예전에 비해 결혼 시기가 늦어지고 홀로 사는 고령인구가 급증하고 있기 때문이다.

1인가구는 합리적 소비 성향이 강하기 때문에 공유, 구독 서비스 등 특화된 상품에 대한 관심이 크다. 혼밥족, 혼술족은 물론 혼자만의 여행도 늘고 있다. 이는 배달 외식업의 중요한 성장 요인 중 하나다. 이에 맞춰 음식점도 1인 테이블 수가 늘어나고 마트에서도 소포장 제품들이 대다수다.

■ 가치창출

'마켓컬리'는 식재료를 신속히 배달하는 온라인 쇼핑몰로 시작했다. 저녁 11시까지 주문하면 다음날 아침 7시까지 문 앞에 배송하는 '샛별배송'으로 단시간에 입지를 굳혔다. 마켓컬리의 비즈니스 모델은 식재료의 신속한 배송에 따른 편의성에 기반을 둔 '콘텐츠 유통업'에 가깝다. 홈페이지에는 고급스러운 상품 사진과 식재료마다 스토리텔링이 잘 되어 있다. 단순한 식재료의 구매가 아닌 스토리를 결합해 가치를 높이는 구조다.

지인이 하는 식당도 입맛에 맞지 않으면 두 번 가기 어렵다. 무슨 업종이든 사업이란 고객이 가치를 느낄 수 있도록 제품이나 서비스를 제공해야 한다. 소비자는 가치가 가격보다 높아야 구매하고, 생산자는 비용보다 가격이 높아야 사업을 유지할 수 있다. 소비자가 인식하는 가치, 시장에서 형성되는 가격, 생산자의 비용구조는 환경 변화에 따라 끊임없이 변한다. 이러한 상황을 이해하고 합리적으로 적응하는 과정이 바로 사업의 본질이다.

업을 정의하는 데 가장 먼저 고민해야 할 것은 '어떠한 욕망을 가진, 누구를 대상으로 하느냐' 하는 문제다. 고객을 명확히 정의해야 한다. 업은 그들을 위해 존재하고 그래야 업을 실천하는 내가 방향을 잡을 수 있다.

카페업의 핵심 고객층은 두 종류다. 책을 보거나 업무를 하기에 편안한 환경을 찾는 사람과 커피와 디저트를 즐기는 사람들이다. 내 매장의 핵심 고객층을 알고 그들이 진짜 원하는 가치를 제공해야 한다.

마찬가지로 사람들은 카페라는 공간에 와서 잠시 쉬어 감으로써 몸과 마음을 충전한다. 이러한 발상을 통해 에너지 충전이라는 콘셉트를 만들 수 있다. 이렇게 되면 에너지 충전은 카페의 존재 이유가 된다. 명확한 존재 이유는 카페의 차별화된 이미지를 강조하기 위한 콘셉트가 된다.

에너지 충전이라는 본질에 맞게 카페를 만든다면 인테리어나 메뉴도 달라져야 한다. 자연친화적 인테리어로 오감을 자극할 수 있게 해도 좋을 것이다. 에너지를 줄 수 있는 건강 음료와 디저트로 구성한다면 고객은 에너지 충전이라는 콘셉트를 느낄 수 있게 된다.

이 세상에 가치를 느끼지 않는 것에 지갑을 여는 사람은 없다. 경쟁이 심한 업종일수록 고객 관점에서 경쟁사와 다른 차별화된 가치를 제공해야 한다. 그래야 경쟁의 늪에서 빠져나와 사업을 성공적으로 이끌어 갈 수 있다. 나의 제품이나 서비스가 소비자의 고충을 해소할 수 있어야 신뢰가 생기고 매출로 이어진다.

고객이 내 매장을 잊지 않고 또 생각나게 하는 것은 그들의 가려운 곳을 긁어 주었을 때다. 사업의 본질은 단순하게 생각하면 한 번 온 손님을 다시 오게 하는 것이다. 꼭 이 매장에 와야만 하는 이유를 만들고 그것을 알려야 한다. 비즈니스의 본질은 이것을 중심으로 움직인다.

04
기본,
오래가는 100년 가게는
기본에 강하다

우리가 말하는 '대박'은 신의 영역이라고 한다. 인간의 영역은 운이 올 때까지 버티고 살아남는 것이다. 그러기에 남들이 좋아할 것 같은 메뉴나 업종을 선택하는 것은 더욱 위험하다. 내가 좋아하고 잘할 수 있는 것을 해야 오래 버틸 수 있다. 오래가는 가게들은 저마다 개성은 달라도 기본에 충실하다. 또한 자신의 업에 대한 자부심과 열정이 남다르다. 100년을 유지할 수 있었다는 것은 시대 변화에 유연하게 대응했다는 반증이기도 하다.

■ 100년의 의미

처음 사업을 시작하는 많은 이들은 자신이 만드는 것이 얼마나 좋은지 잘 알고 있다. 분명 내가 하려는 일이 세상에 의미 있는 일이고 기존의 것과 다른 장점이 있다. 그래서 자신만만하게 사업을 시작하고 매장을 연다. 그런데 고객들은 '별 다른 게 없다'고 생각할 수도 있다. 고객들이 차이를 몰라주니 섭섭하고 답답하다. 결국 야심차게 시작한 일인데 처음의 열정과 의지는 곧 사라지고 만다. 주위를 둘러보다 수많은 비슷한 것들 중의 하나를 내놓게 되고 세월이 흐르면서 사람들에게서 잊힌다. 이렇게 되면 오래가지 못한다.

《서울 100년 가게》의 저자 이인우 씨는 오랜 역사를 이어가는 가게들의 공통점을 말한다. 그것은 창업자 또는 계승자들이 자기 가게에 가지고 있는 한결같은 열정과 성실함이다. 무슨 업종이든 주인이 그 가게에 대해 가장 잘 알고 있고, 가장 애정이 깊은 가게가 성공한다. 너무나 당연한 얘기지만 성공이 반드시 가게의 장수를 담보해 주는 것은 아니다.

오래된 가게에는 그 이상의 무엇이 있다. 시대 흐름이나 소비 패턴의 변화가 어떻게 작용했는지, 좋은 동반자나 조력자가 있었는지와 같은 조건들이 그렇다. 대부분 오래된 가게에는 좋은 동반자나 계승자, 좋은 직원, 좋은 거래처, 좋은 건물주 등이 위기마다 역할을 해 주기 때문이다.

하나의 기업이나 가게를 100년 이상 이어간다는 건 결코 쉬운 일이 아니다. 기업의 흥망성쇠에서 살아남아 100년이라는 숫자를 얻는다는 것은 의미 있는 일이다. 서울역 뒷골목에 자리한 '개미슈퍼'는 120년 가까이 같은 장소를 지키는 사랑방이다. 이제는 외국인 관광객이 찾는 명소로 거듭났다. 골목 상권을 위협하는 편의점 사이에서 꿋꿋하게 '서울의 100년 슈퍼' 입지를 지키고 있는 개미슈퍼의 가치는 시간의 흐름과 함께 더욱 높아진다.

'김용안 과자점' 간판에는 작은 글씨로 '추억의 생과자'라는 문구가 적혀 있다. 창업자인 김용안 대표가 일제강점기에 일본 과자 맛이 궁금해 따라 만든 것이 시작이라고 한다. 김용안 대표 뒤를 이어 과자점을 운영하고 있는 아들 김형중 대표는 아버지 이름을 건 가게가 언제까지나 추억의 맛을 향유하는 공간으로 남기를 바란다고 한다. 번거롭고 고된 제조 과정에도 반세기 이상 묵묵히 같은 자리를, 같은 방식을 고수하며 과자를 만들고 있다.

■ 변함없다는 말의 의미

철학이 분명하고 기본기가 탄탄한 가게 중에는 창업 때부터 채택한 방식을 고수하면서 수십 년 동안 인기를 이어가는 곳이 있다. 하지만 이는 손에 꼽을 정도다. 대부분 기본 방침을 정하고 고객과 소통하면서 하나씩 자리를 잡아간다. 처음부터 완벽할 수 없기 때문이다. 사전에 준비를 철저하게 하고 시작해도 현실은 언제나 변수의 연속이다. 다양한 경로를 통해 고객을 만족시키기 위한 노력이 쌓이면 그것이 역사가 된다.

변하지 않는 핵심 가치는 지키되 시대 흐름에 따라 변하는 새로운 가치를 만드는 곳, 일본의 '사자커피'가 그곳이다. 창업주 스즈키 요시오 회장은 "커피를 파는 것이 아니라 사람들이 커피를 좋아하도록 노력했습니다. 그랬더니 어느새 일본을 대표하는 카페가 됐죠"라고 말한다. 7평 15석으로 시작한 사자커피가 50년간 사랑받는 커피브랜드가 될 수 있었던 것은 이런 경영철학이 뒷받침되었던 것이다. 커피보다 차를 좋아하는 일본인에게 커피 맛을 알리기 위해 원두 생산부터 제조까지 직접 관리하며 맛을 유지했다. 사자커피의 성공은 반세기가 지나는 세월 동안 고객을 만족시킬 방법을 끝없이 모색하며 갈고닦은 결과다.

오래간다는 것은 자신만의 신념을 갖고 지속적으로 시대와 호흡한다는 것이다. 그런데 그것만으로는 부족하다. 가장 중요한 것은 나의 장점을 고객에게 적극적으로 알려야 한다는 것이다. 나만 알고 있는 가치는 의미가 없다.

고객에게 사랑받으려면 내 마음을 표현하고 그들이 느낄 수 있도록 해야 한다. 표현하지 않는 사랑은 사랑이 아니라는 말도 있지 않은가. 고객들이 결국 마음을 주는 곳은 크고 화려한 곳이 아니라 자신만의 컬러가 확실한 곳이다. 그런 고유한 빛깔이 가득할 때 물건을 파는 사람에게도 물건을 사는 사람에게도 행복한 미래가 있을 수 있다.

아주 사소한 것도 기준이 있어야 한다. 자기만의 기준을 갖고 디테일하게 움직이는 곳에 사람들의 마음이 오래 머물게 된다. 페이스북을 설립한 마크 주커버그도 "뜨거운 열정보다 중요한 것은 지속적인 열정이다"라고 했다. 나만의 가게를 경영하고자 한다면 고객과 지속적으로 교류하며 그들이 즐길 만한 맛과 공간, 서비스를 제공하도록 노력해야 한다. 엄마가 아이 눈빛만 봐도 뭐가 불편한지 알 수 있듯 고객에게 집중하면 답이 보인다.

■ 기본을 지키는 경영철학

분야에 상관없이 성공한 사람들에겐 세 가지 특징이 있다. 첫째, 불굴의 의지와 집념, 둘째, 자기가 원하는 것이 무엇인지 정확히 알며, 셋째, 별똥별이 떨어지는 순간에도 말을 할 수 있을 정도로 목표가 뚜렷하다.

사업을 한다는 것은 자아실현이 아닌 타자공헌이다. 직원들과 고객의 성장에 도움이 되려는 근본적인 동기가 철학이 되어야 한다. 이것은 큰 회사뿐만 아니라 작은 가게도 마찬가지다. 개인사업자 40%가 1년 만에 문을 닫는다. 10년 단위로 따져보면 10명 중 1명밖에 살아남지 못한다는 얘기다. 그만큼 비장한 각오로 노력해야 성공할 수 있다.

얼마 전 창립 20주년을 맞은 '(주)성환공구'에 다녀왔다. 한 분야에서 꾸준히 자리를 지키며 사업을 한다는 것은 그 자체만으로 대단한 힘이다. 절삭공구 유통사인 (주)성환공구 김미경 대표는 공구사업 한 길만 20년을 걸어온 일명 '공구언니'다. 김미경 대표의 경영철학은 '함께 배우고 함께 성장하는 행복한 기업 만들기'다. 또한 "행복한 직원이 행복한 회사를 만든다"고 말한다. 누구나 알고 있는 말이지만 아무나 쓸 수 없는 말이다. 타인에게 도움이 되고 싶다는 마음이 의식 속 깊이 내재되어 있어야 가능하다.

'문일ITS'의 문세훈 대표는 회사 창립 후 36년간 2대째 운영 중인 건축과 출신의 실력파다. 연간 9천 세트의 도어를 꾸준히 납품하고 'LG강마루' 전국 매출 1위를 달리는 탄탄한 기업이다. 문세훈 대표는 친환경 소재의 실내 건축 자재로 하이엔드 종합 건축자재 기업이 목표라고 한다. "공사한 현장의 포트폴리오를 보며 족적이 남는 일을 하는 것에 대단한 자부심을 느낀다"며 어렸을 때부터 아버지로부터 받은 자본주의 철학과 경영에 대한 기본 이념이 지금의 문일ITS를 이끄는 근간이 되었다고 한다. 성장하면서 보고 배운 기본 철학이 그대로 경영이념으로 이어진 것이 업계 1위를 유지하는 성장 동력이라고 생각된다.

고객은 비즈니스의 근본을 이룬다. 고객 없이는 사업이 존재할 수 없을 뿐 아니라 동시에 사업이 존재할 필요성도 사라진다. 따라서 고객에 대해 이해하려는 노력을 기울이지 않는 것은 비즈니스를 이해하기 위한 노력을 기울이지 않는 것과 마찬가지다. 이러한 의미에서 비즈니스의 기본은 고객과의 관계를 재정의할 필요가 있다. 또한 경쟁사의 매출, 영업이익률, 시장점유율, 성장률 등을 진단하는 것 역시 오래가기 위한 기본적인 전략이다. 불경기 저성장 시대에 매출이 수평이거나 떨어지고 있다면 이것부터 점검해 봐야 한다.

보통 사업을 시작하기 전에 두 가지 질문을 놓고 고민한다. '어떤 손님을 타깃으로 할까?' '어떤 손님을 타깃으로 했을 때 장사가 잘 될까?' 하지만 올바른 질문은 '내가 어떤 가게를 하고 싶은가? 어떤 가게라면 오랫동안 할 수 있을까?'다. 이 질문은 자기만족과 자기실현에만 치중하라는 말이 아니다. 꼭 여기에 와야 할 이유를 만들고, 그 이유를 손님과 같이 공감할 수 있는 매장을 만들어야 한다는 뜻이다.

내가 진심으로 즐거울 수 있어야 한다. 그것이 오랫동안 사업을 할 수 있는 기본이다.

05
콘셉트는
업의 본질과
강하게 연결되어야 한다

《논어》에 나오는 '일이관지(一以貫之)'는 하나의 이치로 모든 것을 꿰뚫는다는 뜻이다. 콘셉트는 여러 개의 핵심요소를 하나로 엮어 정의하는 일이다. 소비자에게 선택받고 오래 사랑받는 브랜드가 되려면 반드시 콘셉트가 필요하다. 타깃이 누구인지, 그들이 원하는 것은 무엇인지, 시장에는 어떤 경쟁자가 있는지를 파악해야 한다.

일반적으로 콘셉트는 제품이나 디자인 속에 담고자 하는 기본적인 생각이라 쉬울 것 같지만 막상 표현해 내려면 쉽지 않다. 콘셉트 없이 선택받기를 기대한다면 그것은 마치 내비게이션을 켜지 않고 모르는 곳으로 차를 몰고 가면서 곧 도착할 거라고 기대하는 것과 같다.

■ 콘셉트란

콘셉트(concept)는 라틴어 conceptum(초안, 개요)에서 나온 단어다. con은 'together'의 뜻이고 cept는 'take, hold', um은 라틴어의 명사 어미다. 풀어보면 '모두 모아서 잡는다'는 뜻이다. 따라서 콘셉트란 사회적으로 함께 인식되고 받아들여지는 개념이나 생각 또는 관념을 의미한다.

브랜드 콘셉트는 상품이나 서비스를 기획하면서 사업 방향이나 마케팅 전략 방향과 일치해야 하며, 소비자의 구매 결정에 이르기까지 매장 이미지를 나타내는 부분이다. 세상에는 한 줄로 정의되지 않는 제품이나 서비스가 의외로 많다. '콘셉트가 있다' 혹은 '콘셉트가 없다'는 표현을 하기도 한다. 콘셉트를 학습하는 방법은 오로지 오감을 활용해서 떠오르는 단어들을 나열해 보고 엮어서 구체화시키는 것이다.

내가 최근에 런칭한 브랜드는 한식 케이크 전문 디저트 카페다. '한식, 달콤함에 빠지다'라는 브랜드 콘셉트의 밀가루가 아닌 쌀로 만든 디저트다. 쌀로 만든 한식 케이크는 밥처럼 매일 먹어도 속이 편안한 디저트라는 제품 속성이 녹아 있다. 그렇게 해서 '속이 편안한 건강한 디저트'라는 제품 콘셉트가 만들어졌다. 모두 공감하는 명확한 개념이면 다른 사람들에게 정확히 인식시킬 수 있다.

세계적인 광고대행사 '디디비 니드햄 월드와이드'에서 매뉴얼화한 콘셉트 도출 방법은 '아무리 어려운 과제라 해도 ~해서 ~하다'라는 논리적 원형만 잘 설정한다면 손쉽게 콘셉트를 만들 수 있다고 한다. 자신이 만든 것이 좋은 콘셉트인지 확인하기 위해서는 독창적이고 특이한지를 따져봐야 한다. 유니크한 콘셉트는 빠른 시간에 확실하게 고객의 마음속에 스며들 수 있다.

이처럼 제품 콘셉트는 소비자가 어떤 제품과 서비스를 사용하기 위한 이유가 된다. 콘셉트는 그것을 이해할 수 있는 대표적인 속성을 표현하는 것이다. 마냥 새로운 것으로만 콘셉트를 만들 수 있는 것은 아니다. 낡고 오래된 것은 불편하고 촌스러울 수 있지만 오히려 아늑하고 친밀하다. 그 속에 그리운 추억이 그와 함께 펼쳐지는 이야기가 있다.

요즘 세대들은 그것을 새롭게 받아들인다. 뉴트로의 열풍은 그렇게 시작된 것이다. 유행을 타며 콘셉트가 연출된 뉴트로도 있지만, 본래 그 자체가 연출이 아닌 세월의 흔적이 그대로 스며든 곳도 있다. 의도적으로 기획되지 않은, 시간에 의해 빛이 바랜 그 자체가 콘셉트다.

콘셉트는 '같은 목표, 같은 생각, 같은 느낌'으로 정의될 수 있다. 모든 구성원이 브랜드 콘셉트를 공감하고 있으면, 각자 '해야 할 일'과 '하지 말아야 할 일'을 구분할 수 있다. 인테리어를 바꾸거나 메뉴 개발에 있어서도 방향성이 있다. 콘셉트가 정리되지 않으면 기준이 없기 때문에 방향을 잃게 되고 일관성이 없어진다. 제품을 홍보할 때, 사진 촬영이나 문구를 선택할 때도 개인의 취향과 기분에 따라 달라지지 말아야 한다. 확실한 콘셉트가 있어야 '~답다'와 '~답지 않다'로 쉽게 의사 결정이 이루어질 수 있다.

■ 콘셉트 만들기

콘셉트는 회사 내부적으로는 브랜드 관리 가이드라인 역할을 하고 소비자에게는 브랜드의 약속과 기대치를 전달하는 역할을 한다. 누군가는 콘셉트를 브랜드의 DNA라 하기도 하고, 심장 또는 엔진이라고도 한다.

콘셉트에 대해 정의된 것들은 모두 같은 맥락을 가지고 있다. 그런데도 다른 매장이 만들어 놓은 콘셉트에 자신의 상품을 무작정 대입해서 사용하는 곳도 있다. 마치 수학 공식에 대입하듯 말이다. 하지만 실전에서 상황이 조금만 바뀌면 삼천포로 빠진다. 그 콘셉트가 어떤 배경과 의도를 가지고 만들어졌는지 노림수가 무엇이었는지 그 맥락을 이해하는 것이 먼저다.

콘셉트 설정의 가장 중심은 고객 설정이다. 업종과 업태를 결정했다면 고객의 성별이나 연령, 인원수, 중심 고객층과 주변 고객층을 먼저 설정해야 한다. 또 단체인지, 개인인지, 가족인지, 편리성을 중요시하는지 등의 이용 형태를 알아야 한다. 어떤 목적으로 점포를 방문하는지, 왜 방문하는지(여유로움, 속도, 저렴함, 간편함) 등의 이용 동기를 파악하는 일도 매우 중요하다. 고객층의 이용 동기에 맞게 콘셉트를 세분화하고 어떻게 차별화해 나갈지 구체적으로 결정해야 한다는 말이다.

상품 콘셉트는 매장의 특징과 차별화를 명확하게 할 뿐만 아니라 전체적인 점포 개발에 가장 큰 영향을 준다. 상품 콘셉트에서 정한 상품군의 가격대를 정한다. 메인 상품의 가격 포인트를 명확히 한 후 그 가격을 중심으로 다른 상품군과의 밸런스를 고려해 가격을 설정한다. 매장 콘셉트는 테마에 맞는 점포를 설정하는 일이다. 매장 외부와 내부 분위기, 주방과 홀의 면적 비율과 테이블 수, 단체석의 유무, 테이블 당 인원수 등을 결정한다.

'피카(Fika)'는 스웨덴에 널리 퍼진 라이프 스타일을 제안하는 콘셉트다. '커피를 마시다'는 뜻의 피카는 일상 속 커피 한잔의 여유를 의미한다. 회사에는 피카룸이 있고, 단순히 커피만 마시는 것이 아닌 편안하게 여유를 즐기기 위한 공간이다.

세계에서 행복지수 1위인 덴마크에는 '휘게(hygge)'라는 편안하고 안락함을 추구하는 라이프 스타일이 있다. 휘게는 cosiness(아늑함)에 togetherness(단란함)도 포함된 느낌이다. 가족이나 친구와 함께 보내는 소박하지만 여유로운 시간에서 느끼는 행복을 뜻한다.

이제는 컴퓨터나 스마트폰 버튼 몇 개만 누르면 손쉽게 물건을 살 수 있는 시대다. 매장은 제품만 사는 곳이 아니라 경험을 위해, 정보를 얻기 위해, 좋은 시간을 보내기 위해 찾아가는 곳이다. 매장이 위치한 지역의 고객들이 어떤 니즈가 있는지 면밀히 관찰하고 타깃을 좁혀야 한다. 고정관념에 얽매이지 않고 공간과 시간 구성을 바꾸는 사고의 전환이 필요하다. '판매장소'가 아닌 '공간'으로 해석하고 사람들이 모이고 시간을 보내고 체험할 수 있는 서비스를 늘리는 것도 매장을 바라보는 관점을 변화시켰기 때문이다.

결국 어떻게 하면 물건을 더 팔 수 있을까가 아니라 어떻게 하면 사람들이 모일 수 있는 공간을 만들까를 고민해야 한다. 원래 오프라인 서점의 가장 큰 역할은 소비자를 위해 다양한 종류의 책을 한곳에 구비하는 것이다. 그러나 아마존을 비롯한 온라인 서점이 이러한 기능을 대체하면서 오프라인 서점은 위기에 몰렸다. 이는 세계적으로 공통된 현상이며 우리나라 또한 마찬가지다. 그렇게 서점도 공간을 연출하는 곳으로 소비자의 취향에 맞는 책을 제안하는 곳으로 바뀌고 있다.

■ 콘셉트의 필요성

고객이 올 수밖에 없는 이유를 만들고 타깃 고객의 고민을 해결해 주는 솔루션으로 만들어야 한다. 진짜 수익이 되는 타깃 고객은 누구인지, 그 타깃 고객의 고민은 무엇인지, 그 고민을 해결해 주는 내가 제안할 수 있는 해결책, 솔루션은 무엇인지 명확하게 설명해야 한다. 그런 동기와 목적으로 만들어진 콘셉트만이 타깃 고객을 끌어들일 수 있는 힘이 된다. 내 매장으로 와야 할 특별한 이유를 만들어야 한다. 수많은 제품들 속에서 '다르지 않으면' 살아남을 수 없다. 다르다는 것은 나만의 아이덴티티가 분명해서 그 자체로 존재감이 있다. 그게 콘셉트다.

콘셉트 평가에서 가장 중요한 것은 '업의 본질'과 얼마나 강하게 연관돼 있는가다. 아무리 멋있고 좋은 콘셉트라도 업의 본질과 연관성이 약하면 과감히 포기해야 한다. 마케팅 차원에서 인지도를 높여 주고, 콘셉트에서 많은 소비자의 공감을 끌어낸다 해도 연관성이 부족하면 오래가지 못한다. 이것은 장기적으로 회사 이미지나 매출에 기여하지 못한다. 비즈니스에서 콘셉트는 고객과의 약속이다. 소비자의 마음을 감동시켜 저절로 지갑을 열게 하는 콘셉트는 업의 본질과 강하게 연결돼 있어야 한다.

마케팅 그루 세스 고딘의 《보랏빛 소가 온다》에는 수백 마리 소떼가 초원에서 풀을 뜯고 있는 풍경을 바라보던 이야기가 나온다. 이 그림 같은 장면도 시간이 지나면 익숙해지는데 비슷한 무리의 소들이 새로 나타나도 마찬가지라고 한다. 한때 경이롭게 보이던 것들이 평범해 보이는 순간 지루해진다는 것이다. 그 무리 안에 다양한 품종의 소들이 섞여 있다 할지라도 지루하기는 마찬가지다. 만일 그 사이에 '보랏빛 소'가 한 마리 서 있다면 그 소에게서 눈을 뗄 수 없을 것이다. 이것이 바로 콘셉트다.

망원동 망리단길에 '자판기'라는 카페가 있다. SNS에서 핫플레이스로 꼽히는 이곳은 핑크색 자판기가 출입문이다. 실내에 들어가 보면 여기저기 핑크핑크한 소품들이 20대 여성의 마음을 사로잡는다. 하지만 좌석은 편하지 않고 디저트나 음료도 평범하다. 애초에 이 카페는 편하게 앉아서 커피를 마시려는 고객을 타깃으로 삼지 않았다.

사람들은 눈길이 가는 것, 화제가 될 만한 것을 알게 되면 그냥 있지 않는다. 누군가에게 알리거나 말하고 싶은 충동을 강하게 느끼는데, 이것은 그 행위가 자신의 사회적 가치를 높여 주기 때문이다. 누가 시키지 않아도 소비자들 스스로 정보를 퍼트리며 엄청난 파급 효과를 나타낸다. 이들이 모두 핑크색 자판기 카페의 홍보대사를 자처하는 고객이다.

홍성태 교수는 《나음보다 다름》에서 '한결같다'는 단순히 '변함이 없다'는 의미가 아니라고 했다. 자기만의 컬러를 지키되 트렌드에 맞춰 디테일하게 변해야만 한결같다는 것이다. 볼보다움, 구글스러움이란 말을 들으려면 브랜드 콘셉트를 중심으로 세태에 맞춰 부지런히 변화를 시도해야 한다. 일관된 브랜드 콘셉트 하에 부지런히 변화를 추구하는 것이야말로 지속적인 생명력을 갖는 브랜드의 핵심이다.

콘셉트의 힘은 머리가 아닌 가슴으로 기억되게 하는 것이다. 잘 만든 콘셉트는 오래도록 방향을 지킬 수 있고 일관성을 유지하는 놀라운 힘이 있다. 다른 곳을 보던 소비자가 고개를 돌려 나를 보게 만들 수 있다면 그 콘셉트는 성공이다.

우리 속담에 '구슬이 서 말이라도 꿰어야 보배'라는 말이 있다. 아무리 빛나는 구슬이라도 꿰어서 가치를 창출할 수 있어야 인정받을 수 있다는 말이다. 가지고 있는 장점을 엮어서 빛나는 콘셉트를 만들어야 한다.

생텍쥐페리의 《어린 왕자》에 최고의 콘셉트에 관한 글이 있다.

"완벽함이란 더 이상 더할 것이 없을 때가 아니라 더 이상 뺄 것이 없을 때 완성된다."

빼는 것보다 더하는 게 익숙하지만 제대로 된 콘셉트를 만들기 위해선 핵심만 간추려서 표현해야 한다.

06
아이템은 시대 흐름보다
반 보 앞서야
성공한다

아이템 선정에 있어서 가장 중요한 것은 나의 경험과 적성, 능력에 맞는 것을 선택하는 것이다.

경험이 있는 분야나 관심과 흥미가 있는 분야는 그 속성에 대한 이해도가 높다. 과거 고객 입장이었을 때 느꼈던 감정이나 불편함을 찾고 해결할 수 있는 확신이 들어야 한다. 그렇게 소비자의 필요성을 중심으로 생각하면 나에게 맞는 아이템을 찾을 수 있다. 내 적성에 맞지 않는 업종을 선택하거나 주요 타깃 고객과 공감할 수 없다면 잘못된 선택이다.

■ 아이템을 선정하기 전에 알아야 할 것

한국 자영업은 연평균 60만 개가 생겨나고 58만 개가 사라진다. 새로 시작한 자영업의 50% 이상이 3년 이내에 폐업한다. 특히 외식업의 경우 2~3년 내에 80%가 문을 닫는다. 한국은 인구 1,000명 당 음식점 수가 12곳으로 미국 2곳, 일본 5곳에 비해 많다.

수익성도 열악한 편이어서 자영업자 58.3%가 월평균 400만 원 이하 수익을 올리고 있으며, 나머지의 절반 이상이 적자 또는 수입이 없거나 100만 원도 안 되는 수익을 올리는 것으로 조사되었다. 실패 원인 중 하나는 일시적으로 유행하는 업종을 선택하거나 경쟁 점포가 많은 입지를 선택하는 경우다.

최근 들어 가장 선호도가 높아 창업을 많이 하는 업종이 커피전문점이다. 그 외에도 뜨는 아이템이 많지만 선호도가 높다는 것은 그만큼 경쟁이 심하다는 얘기다. 카페를 창업하기로 계획했다면 매장을 차별화할 수 있는 아이템이 무엇일지 선정해야 한다. 아이템 선정이 어려운 이유는 콘셉트가 명확하지 않기 때문이다. 앞서 나를 분석하고 업의 본질을 파악했다면 콘셉트가 도출되었을 것이다. 콘셉트가 정해졌다면 그것을 기준으로 업의 본질에 맞는 메뉴를 개발해야 한다.

외식산업은 육체노동이라 할 정도로 힘들다. 기본 체력이 뒷받침되지 않고서는 버틸 수 없다. 그런 점에서 나는 건강함에 무한 감사하다. 내가 고깃집을 할 때는 새벽 4시 반에 일어나 가락시장에서 장을 보고 6시에 매장을 오픈했다. 낮잠을 1시간 정도 자지만 밤 11시까지 영업을 했다. 물론 그때도 쉬는 날 없이 365일 일을 했다. 떡 제조업을 해 보니 요식업과는 비교할 수 없는 강도의 체력이 필요했다. 업종을 불문하고 건강은 중요하겠지만 외식업을 하고 싶다면 고된 업무를 버틸 체력이 있어야 한다는 것을 기억해야 한다.

요식업이나 제조업 모두 직원 구하는 것도 쉽지 않다. 갑자기 직원이 그만두거나 공백이 생기면 마음 맞는 직원을 구할 때까지 고스란히 그 몫은 사장 책임이다. 카페도 다르지 않다. 우아하게 음악을 들으며 커피를 마시는 일상을 상상한다면 적잖은 투자를 해야 할 것이다.

창업은 나만 열심히 뛰면 1등 할 수 있는 100m 달리기가 아니다. 환경의 변화나 계속되는 변수가 장애물로 등장하는 허들경기라고 생각해야 한다. 요즘같이 코로나-19의 여파로 경기가 침체되는 것 역시 커다란 변수다.

아이템을 선정하는 기본 원칙은 경기와 상관없이 꾸준히 영업이 가능한 업종인지를 확인해야 한다. 자신이 좋아하는 일이면 상황이 어려워도 버틸 수 있는 힘이 있기 때문에 본인의 경험이나 지식을 최대한 활용할 수 있는 업종이어야 한다. 잘 알지 못하는 분야에 진출하는 것만큼 위험한 일은 없다. 생각지도 않은 수많은 함정이 도사리고 있기 때문이다. 그래서 경험이 없는 분야는 철저한 사전 준비가 필요하다. 어쩔 수 없이 새로운 분야에 진출하게 될 경우 사전에 관련 지식과 정보를 취득하거나 반드시 실전 경험을 해 보기를 권한다.

■ 아이템은 반 보만 앞서야 한다

나의 경험, 지식, 기술, 특성과 아이템이 결합되면 성공 확률이 높아진다. 또한 자기 자본 비율이 70% 이상 되어야 자리를 잡을 때까지 조바심 내지 않고 버틸 수 있다. 무리하게 많은 자금이 필요한 업종이나 입지를 고집하는 것은 위험하다. 자신이 감당할 수 있는 자금 범위 안에 있는 업종을 선정하는 것이 리스크를 낮출 수 있는 방법이다.

신규 업종은 사업성이 검증되지 않아 지속적으로 할 수 있을지 판단하기가 어렵다. 성장성이 높아 보이는 업종이라도, 다른 사람이 성공했다고 하여 똑같이 성공할 거라고 기대해서는 안 된다.

나는 2003년에 캘리포니아롤 전문점을 시작했다. 지금은 누구나 알고 있는 아이템이지만 당시에는 "캘리포니아롤이 빵인가?" 하는 사람들이 있을 정도로 흔치 않은 메뉴였다. 오픈을 준비하며 신촌에 유명한 캘리포니아롤 전문점에 벤치마킹을 갔다. 줄서서 먹는 손님을 보며 나도 시작만 하면 무조건 대박이겠다고 생각했다.

하지만 막상 오픈을 하고 보니 캘리포니아롤은 나와 매장 직원들만 알고 있는 듯 인지도가 턱없이 낮았다. "빵인 줄 알았는데 김밥이네." 이 말을 고객에게 가장 많이 들었다. 그렇게 1년 넘게 고생하고 나니 여기저기 캘리포니아롤 전문 프랜차이즈가 생기기 시작했다. 17년 전 일이지만 속이 탔던 그때가 생생하다.

업종의 성장 가능성을 체크하는 방법은 나름의 사이클 분석이 필요하다. 상품에는 도입기, 성장기, 성숙기, 쇠퇴기와 같은 라이프 사이클이 존재한다. 성장기를 지나 성숙기에 접어든 업종은 점포수가 많아 경쟁이 치열하다. 반면 사회적 흐름과 소비자 욕구가 일치하는 성장기 업종을 선택하면 성공 가능성이 높다. 나홀로족의 증가로 1인 가구를 위한 창업 아이템이 여전히 인기가 있다.

■ 나에게 맞는 아이템

요즘 직장인들은 자기 계발에 많은 시간과 돈을 투자하며 워라밸 (work-life balance)을 추구한다. 일과 삶의 균형을 말하는 워라밸은 1970년대 후반 영국에서 처음 나온 단어다. 일과 개인생활을 병행하며 삶의 질을 높이겠다는 의지가 담긴 말로 창업 때 워라밸을 고려해야 한다.

나는 개인의 취미나 관심 속에서 자연스럽게 아이템을 선정하는 경우를 추천한다. 오랜 기간 특정 분야의 취미 활동을 하다 보면 자연스럽게 그 분야의 특성과 관련 업계의 동향, 고객의 니즈, 제품과 서비스의 제조 및 유통 등에 대해 안목을 갖게 된다.

자신의 성격에 맞는 업종, 즉 자기가 좋아서 하는 일을 하면 밤낮없이 일하더라도 쉽게 지치지 않는다. 일하는 과정이 재미있을 뿐 아니라 결과에 대한 만족도 높다. 이렇게 되면 아무리 어려운 상황이라도 헤쳐 나갈 수 있는 강한 힘이 있다. 최근에 핸드메이드 소품을 만드는 것이 취미인 교육생이 카페와 공방을 결합한 매장을 오픈했다. 이런 매장은 지역을 기반으로 안정적으로 시장에 진입할 수 있는 장점이 있다.

아이템을 선정할 때는 소비자의 니즈와 기존 제품의 서비스를 분석해야 한다. 가격이나 기능, 품질, 디자인의 문제점을 확인하고 개선 방안을 찾아낸 후 이를 해결할 수 있으면 최선이다. 이런 방법은 이미 시장이 형성되어 있고 고정 고객이 존재한다는 장점이 있다. 그러나 차별화할 수 있는 독창성을 찾아 가치를 만들어 내는 것이 필수다. 또한 경기변동에 민감하지 않아야 한다. 불경기나 호경기에 관계없이 꾸준히 매출이 발생하는 업종을 선정해야 한다.

흔히 유망 아이템과 유행 아이템을 혼돈하는 경우가 있다. 유망 업종의 판단 기준은 사회적 흐름과 소비자의 욕구가 일치하는지에 따라 달라진다. 성장곡선이 성장기인지 성숙기 초기인지도 살펴야 한다. 대부분 처음 창업하는 분들은 투자 대비 수익성에 대한 분석을 하지 않는 경우가 많다. 그렇기에 시설투자 비용을 과하게 하는 경우 또는 재고 부담이 큰 경우라면 수익성을 꼼꼼하게 계산해야 한다. 유망 아이템은 고정수요가 존재하고 비수기가 없거나 짧은 경우다. 이런 아이템은 소비자의 구매행위가 빈번하게 일어나고 지속적인 메뉴 개발로 트렌드를 반영할 수 있다.

요즘은 카페도 배달 매출이 절반 이상을 차지하는 곳이 많다. 입지가 해당 업종에 적합하지 않다면 배달을 할 수 있는 메뉴를 개발하는 것을 추천한다. 프랜차이즈는 업의 특성상 유행 아이템일 수밖에 없다. 창업 박람회를 통해 아이템과 관련한 새로운 아이디어를 얻는 기회로 삼고 지속 성장이 가능한지 검토해야 한다. 10년 전에도 있었고 지금도 있는, 10년 후에도 있을 것 같은 아이템이라면 실패를 최소화할 수 있다.

'위험이 큰 사업일수록 사업 성공 시 이익이 많다(High risk High return)'는 말이 있다. 처음 사업을 시작하는 사람들이 의외로 이런 대담함을 보이는 경우가 있다. 어차피 성공이 보장되는 사업은 있을 수 없지만 위험이 높은 업종은 처음 사업을 시작하는 이들에게는 추천하지 않는다.

권투를 할 때 계속 잽을 날리다 결정적인 기회가 왔을 때 어퍼컷으로 상대를 제압하는 것처럼 처음은 무조건 안정권에서 시작해야 한다. 그래야 시행착오를 겪더라도 다시 일어설 수 있는 여지가 있다. 창업은 처음부터 대박은 없다는 전제로 일정기간 동안 수업료를 내고 배운다는 자세가 필요하다.

법적인 인허가 등록, 면허 등이 없으면 창업이 불가능한 업종이 있다. 해당 업종의 법적 요건을 사전에 확인해야 한다. 단순히 등록만

하면 되는 경우도 있지만 본인이 업종 관련 자격이나 기술을 취득해야만 되는 경우도 있고, 그런 자격이나 기능이 있는 직원을 채용해야 하는 경우도 있다.

식품제조가공업 영업등록의 경우 관할 관청 위생과에 영업등록신청서를 제출하기 전 현장조사를 받아야 한다. 그렇게 별도의 요건을 갖춰야 영업허가증이 나온다. 이렇듯 아이템을 선정할 때는 내가 선택한 입지와 업종의 인허가 사항을 미리 확인해야 하며, 영업 시작일까지 걸리는 기간도 점검해야 한다.

07
사업계획서는
핵심 내용만
간단하게 작성한다

창업하기 전 사업의 성공 여부를 예상할 수 있는 가장 기본적인 방법이 바로 사업계획서 작성이다. 사업계획서란 사업에 관련된 전반적인 사항을 서술하는 것이다. 대부분 사업계획서를 은행이나 투자자에게 투자를 받을 때 필요하다고 생각한다. 하지만 자기 자본으로 사업을 시작할 때도 사업계획서는 반드시 필요하다.

먼저 사업 목표를 잡고 판매할 아이템의 시장 분석이 필요하다. 성장 가능성과 자본금 조달 계획, 종업원 채용 계획 등을 체계적으로 문서화한 것을 말하며, 이것을 한눈에 볼 수 있게 만드는 것이 사업계획서다.

■ 사업계획서가 필요한 이유

나는 좋은 아이템이 떠올랐을 때 사업성이 있는지를 확인하는 차원에서 사업계획서를 써 본다. 물론 쓰면서 생각을 정리하기 위함이다. 누구한테 보여 줄 내용이 아니더라도 내 생각을 적어 보는 것은 아주 중요하다. 사업계획서를 쓰는 동안 집중해서 생각하고 목표를 잡기 때문이다. 한 가지 생각에 집중하다 보면 그에 따른 또 다른 아이디어가 나온다. 그렇게 만들어 둔 사업계획서 중 실제 사업으로 이어진 것도 있고, 지인에게 사업 추천을 해 준 경우도 있다.

사업계획서를 작성하면 창업 준비부터 운영까지 사전에 시뮬레이션해 볼 수 있다. 앞으로 일어날 문제점을 짚어 보고 추가로 필요한 부분을 준비해서 시행착오를 줄일 수 있다. 이를 작성하는 이유는 내가 준비하는 사업을 완벽하게 이해하기 위해서다. 그에 따른 실천 계획을 구체적으로 설계해 본다는 것에 의의가 있다. 아이템의 시장성과 유통 방법, 마케팅 방법부터 마진율과 수익률 분석도 필요하다.

창업을 하면서 사업의 성장 가능성과 타당성을 알아보는 것은 당연하다. 하지만 객관적 자료가 뒷받침돼야 실현 가능한 계획을 세울 수 있다. 또한 누구나 이해할 수 있게 쉽게 작성해야 한다. 쉽고 명확하게 설명할 수 없는 사업은 고객도 이해시킬 수 없다.

투자 비용에 대해서는 최악의 상황을 고려해 내가 책임질 수 있는 범위 내에서 계획하여야 한다. 대출이나 투자를 받을 경우도 있다. 필요한 자금이 구체적으로 얼마인지 예상되는 수익금에 대한 부분도 명확해야 한다.

■ 사업계획서도 타깃에 맞게 써야 한다

사업계획서는 누가 보는가에 따라 강조해야 하는 부분이 달라진다. 투자자는 리스크에 민감할 수밖에 없다. 따라서 사업을 하는 과정에 발생할 수 있는 문제점과 해소할 수 있는 방법을 제시해야 한다. 긍정적인 가능성만으로는 설득력이 떨어진다. 신뢰를 주려고 추정재무제표를 부풀리거나 과장되게 쓰는 것은 금물이다. 반드시 납득할 만한 추정 근거를 제시하고 시장의 성장 가능성을 입증할 수 있는 자료가 필요하다.

투자를 받으려면 사업계획을 간략하게 정리하는 것이 좋다. 이것이 투자자들이 원하는 사업계획서다. 먼저 제품 혹은 서비스를 명확히 정의해야 한다. 제한된 자원으로 여러 계획을 늘어놓거나 1시간 이상 사업계획을 듣고도 무엇을 하려는지 잘 이해가 안 되는 사업이 많다. 투자자가 정말 알고 싶어 하는 건 '얼마를 투자하면 되는가?' '그리고 언제 돌려받을 수 있을까?' '그에 따른 수익은 얼마인가?'다. 이 핵심적인 내용을 명쾌하게 정리해야 설득이 가능하다.

다음으로 고객은 누구이며 왜 우리 제품을 필요로 하는지 고객 관점에서 냉정하게 설명해야 한다. 그리고 현재의 것과 어떻게 차별화할 수 있는지가 중요하다. 차별화 포인트는 모두 공감할 수 있어야 한다.

마지막으로 왜 지금까지 그것이 세상에 나오지 않았는지 설명할 수 있어야 한다. 이처럼 사업계획은 핵심적인 내용만 간략하게 작성해야 한다. 복잡하고 긴 것은 아무도 보지 않는다. "현상은 복잡하지만 본질은 단순하다"는 아리스토텔레스의 말처럼, 불필요한 것을 제거하고 단순함을 찾아내는 것이 사업계획서 작성의 포인트다.

자기 자본으로 사업을 할 경우 사업계획서는 자신에게 어떻게 이익을 돌려줄 것인지에 대한 계획이다. 자신을 이해시키고 설득하는 과정인 것이다. 요지는 '이 사업으로 수익을 남길 수 있을까?'다. 필요한 자금은 얼마이고 자금 조달은 어떻게 할 것이며, 투자금 회수는 언제

되는지는 그 다음 문제다.

아이템이 선정되면 사업계획서에 먼저 예상 비용을 산출한 후 예상 수익을 계산하고 이에 따른 예상 매출액을 산출한다. 이 과정에서 예상 매출액 달성 가능이나 사업 지속 가능 여부 등도 확실히 따져봐야 한다.

창업의 성공과 실패는 사업계획의 숫자에 의해서만 결정되는 것은 아니다. 창업자의 자질과 역량 등 환경의 변화 등이 변수로 작용한다. 막상 창업을 하면 생각지 못했던 자금 지출이 계속 발생하는 경우가 많다. 예비비가 꼭 필요한 이유다. 자금 계획을 세울 때 투자 가능 금액을 모두 쓰고 운영 자금이 부족하면 자리를 잡을 때까지 버틸 수가 없다. 궁지에 몰리면 악수를 두게 된다. 최소 3개월, 최대 6개월치 운영 자금은 남기고 투자해야 한다. 1인 창업일 경우 생계형 매장이라면 자신의 인건비도 지출항목에 꼭 넣어야 한다.

창업은 누구나 할 수 있다. 하지만 사업을 유지하고 발전시키는 것은 아무나 할 수 없다. 여기서 확인해야 할 사항이 기회비용이다. 기회비용은 선택할 수 있는 여러 가능성 중에 하나를 택했을 때 다른 것을 할 기회를 잃어버림으로써 발생하는 비용이다. 이 개념은 이익을 계산하기 위해 꼭 체크해야 한다.

사업을 하지 않고 그 돈을 다른 곳에 투자했을 때 수익은 사업의 기회비용이다. 사업을 해서 이 기회비용 이상의 수익이 남아야 진정한 이익이 된다. 대출을 받아서 사업을 할 경우 이자가 나가는 것처럼 자기 자본으로 하는 사업도 기회비용이 있다는 것을 잊지 말아야 한다.

■ 사업계획서 작성

사업계획서는 형식에 얽매이지 않고 핵심 내용만 간단하게 요약해서 작성하면 된다. 먼저 아이템의 필요성이다. 고객의 니즈를 중심으로 왜 필요한지를 설명할 수 있어야 한다.

다음은 경쟁자와의 차별성이다. 나만의 USP(Unique Selling Point)를 강조하고 이때 제품 이미지가 들어가면 한눈에 알아보기 쉽다. 내가 제안하는 아이템을 선택할 수밖에 없는 이유가 있다면 더할 나위 없다.

그리고 시장성과 수익성이다. 사업계획서는 무조건 쉽게 써야 한다. 누구나 보고 이해할 수 있도록 하고, 전문가들만 알 수 있는 용어는 구체적으로 풀어서 작성한다.

창업자들이 염두에 두지 않는 것이 투자금 회수에 대한 계획이다. 다른 곳에서 투자를 받았다면 당연히 세웠을 계획인데 자기 자본이기에 간과하는 것이다. 투자금액을 회수하는 데 기간은 얼마나 걸리고 어느 정도 매출이 나와야 손익분기점이 되는지 계산을 해야 한다. 시설투자에 대한 감가상각비와 임대료 등의 고정비, 재료비 외 기타 변동비를 고려해서 예상 지출을 산출한다.

사업계획서는 크게 세 가지로 분류된다.

첫째, 구체적인 사업 목표다. 창업을 준비하는 본인의 유무형 자산을 확인하고 시장 환경을 분석해야 한다.

둘째, 콘셉트다. 목표 고객을 예상하고 아이템과 상품 가격을 책정한다. 콘셉트에 따른 인테리어, 직원 채용 계획, 홍보 마케팅 계획을 수립한다.

셋째, 사업에 필요한 예상 투자비용을 계산하고 자본금 수급계획,

사업의 수익성과 손익계산 등 재무에 필요한 전반적인 사항을 검토한다.

사업에 대한 전반적인 내용을 작성할 때는 업의 본질을 정의해야 한다. 그리고 사업계획서를 작성하는 과정에서 사업에 관한 성공 가능성, 리스크, 시장 조건 등을 객관적으로 살펴보고 위험 요소를 사전에 체크하면 대책을 마련할 수 있고 그만큼의 위험을 줄일 수 있다. 효율적으로 사업을 하기 위한 계획을 세우고 투자자나 일반 고객에게 자기 사업을 설명하기 위해 꼭 사업계획서를 작성할 것을 추천한다.

08
사업 방향과 목적지가 정확하면
모든 것을 기회로
활용할 수 있다

'순풍'이란 배가 가기 좋은 바람을 말한다. 하지만 배가 가야 할 방향이 정해져 있지 않다면 아무리 좋은 바람이 불어도 의미가 없다. 우리는 늘 순풍을 기다리지만 인생이든 사업이든 방향이 정해지지 않으면 순풍은 쓸모가 없다. 하지만 목적지가 정확하면 어떤 바람도 순풍으로 이용할 수 있다. 역풍이나 폭풍도 목적지에 더 빨리 이르게 하는 바람으로 이용할 수 있다. 스노우폭스 김승호 회장의 《알면서도 알지 못하는 것들》에 나오는 말이다. 또한 방향을 정하기 위해서는 내가 이 일을 하는 이유가 명확해야 한다.

■ 사업을 하는 이유

탁월한 성과를 내려면 자신에게 무엇이 중요한지 알고 매일 그것과 발맞추어 행동해야 한다. 명확한 목적의식을 가지면 인생이 더욱 또렷이 보이고, 그러면 방향에 대한 확신이 생긴다. 이것은 다시 더 빠른 의사 결정으로 이어진다. 의사 결정 속도가 빠르면 시장에서 선점의 기회를 갖게 될 수 있다. 선점을 한다는 것은 최고의 경험을 할 기회가 생긴다는 것이다. 이것이 바로 방향을 알면 인생이 제공하는 최고의 결과물과 경험을 누릴 수 있게 되는 이유다.

목적의식은 일이 잘 풀리지 않을 때도 도움이 된다. 사업을 하다 보면 힘든 길을 피하기 어려울 때가 있다. 목표를 향해 열심히 노력해도 어려운 시기를 겪을 수밖에 없다. 우리 모두 이런 경험을 한다. 벽에 부딪쳐 앞이 안 보이고 막막할 때 이것을 극복하는 힘은 내가 이 일을 하는 이유, 즉 목적이다. 이를 제대로 알고 있다면 방향을 잃지 않는다. 남다른 성과를 만들어 내기 위해서는 성공할 때까지 방향에 집중하는 것이 가장 기본이다.

나의 목적의식은 '열정을 품은 사람들의 성장을 돕는 것'이다. 처음에는 직원에게 왜 이 일을 하는지 가르쳤고, 다음에는 창업을 하려는 사람들에게 방향을 잡는 법을 안내했다. 지금까지는 창업에 대해 교육했지만 창업 교육만으로 그들의 성장을 돕는 것에 한계가 있음을 알았다. 지속적인 관리와 교육을 통해 자생력을 기를 수 있게 하려면 인큐베이팅 플랫폼이 필요하다고 생각한다. 앞으로 내가 가야 할 방향이다.

하나의 방향을 정하고 그 길을 향해 일단 내딛는 것이다. 그리고 그것이 진정 내가 원하는 방향인지 면밀히 검토해야 한다. 시간이 시각을 더욱 또렷하게 만들어 줄 것이다. 마음에 들지 않는다면 언제든 바꿀 수 있다. 이것은 당신의 삶이니 말이다.

목적의식이라고 하면 너무 진지하게 들릴 수 있지만 어려워할 필요는 없다. 단순하게 그 어떤 생각보다도 강하게 원하는 것이라고 보면 된다. 성취하고 싶은 무언가를 적은 다음 그것을 어떻게 성취할 것인지 적으면 된다. 정답을 고르기보다 방향을 정하는 것이다.

■ 잘못된 선택은 없다

새로운 하루가 시작될 때마다 우리에게는 선택권이 주어진다. 무엇을 하면 좋을까, 무엇을 해야 할까, 방향이나 목적의식 없이도 무슨 일인가를 하면 어디론가 갈 수 있다. 하지만 목적의식이 있으면 목표에 도달하기 위한 행동이 따르게 마련이다. 처음 사업을 시작했다면 이 과정에서의 시행착오는 당연한 결과다. 실패는 과정이다. 내 선택이 지름길이 아니어도 그 과정을 통해 같은 실수를 반복하지 않는 방법을 깨달으면 된다.

사업을 하려는 이유를 물으면 막연하게 대답하는 사람이 많다. 직장생활이 맞지 않는다거나 퇴직 후 작은 가게를 하고 싶다고도 한다. 카페 창업을 하겠다는 교육생 중에는 커피를 좋아하기 때문이라고 답하는 이도 있다. 이것이 틀린 답은 아니다. 하지만 이것만 가지고는 어렵다. 인생의 변곡점에는 확실한 목표가 있어야 올바른 방향을 잡을 수 있고 바른 선택을 하게 된다. 사업을 시작할 때는 좀 더 깊이 관찰하고 사업을 하려는 정확한 목적과 목표에 집중해야 한다.

어떤 곳을 가기 위해 자동차를 운전할 때 당신은 출발하는 장소와 도착할 목적지를 알고 있다. 그리고 출발 즉시 곧바로 목적지에 도착하지 않는다는 것도 알고 있다. 목적지까지 거리가 있기에 얼마간의 시간이 지난 후에야 도착한다. 비록 도중에 그곳에 제대로 가지 못할까 봐 걱정할 수도 있고 지루해할 수도 있다. 사업도 마찬가지다. 내가 목표한 방향이 잡히면 결국 그것을 이루게 될 것이다. 시간이 좀 걸리더라도 꿈을 포기하지 않으면.

박지원의 《열하일기》에 나오는 고사성어 '법고창신(法古創新)'은 지나치게 옛것을 본받으면 때 묻을 염려가 있고, 새로운 것을 창조하는 것에만 집착하면 근거가 없어져서 위험하다는 뜻이다. 나는 '우리의 전통떡을 아름답게 재해석하고 연구하는 공간'으로 제조업을 시작했다. 무겁고 올드한 전통 떡을 현대인의 입맛과 트렌드에 맞게 개발하는 것에 초점을 맞춘 것이다. 하지만 저관여 상품인 떡이 가진 한계를 극복하기엔 어려움이 많았다. 분명한 수요층도 있고 건강한 음식이지만 떡이 지닌 속성을 바꾸는 것은 쉽지 않았다.

그래서 개발한 아이템이 한식 케이크다. 한식 디저트를 재조명해서 쌀로 만든 디저트의 가치를 강화한 것이다. 떡을 기반으로 '전통'이라는 정체성을 가진 새로운 제품이 탄생했다. 옛것을 본받으면서도 변통할 줄 알고, 새로이 창제하면서도 법을 지키는 것! 나는 법고창신의 뜻을 한식 케이크로 풀었고 답을 찾았다. 소금도 먹어 봐야 얼마나 짠지 알 수 있다. 간수가 많이 빠진 소금은 달기까지 하니 말이다. 선택에 두려움이 없을 수는 없지만 그렇게 망설이기엔 인생이 짧다. 일단 시작하고 나중에 바꾸면 된다.

■ 방향도 트렌드가 있다

'선즉제인(先則制人)'은 남보다 앞서 일을 도모하면 능히 남을 누를 수 있다는 뜻으로, 아무도 하지 않는 일을 남보다 앞서 하면 유리하다는 말이다. 시장 진입 전략은 어떻게 효과적으로 들어가서 자리를 잡을지에 대한 계획이다. 시장 진입 목적이 무엇인지를 결정하는 데 정확한 사업 방향을 정해야 한다. 또한 경쟁사와 비교하여 어떤 부분을 강점으로 필요한 부분을 선점할 것인가도 살펴야 한다. 작은 가게일수록 시장을 좁히고 한 부분을 공략하는 전략이 필요하다.

외식업은 매장 방문 고객에게 맛, 즐거움, 편안함 등을 제공하고 행복을 주는 매우 보람 있는 직업이다. 더욱이 고객이 행복을 느낄 때 나도 행복을 느낄 수 있다면 여유 있는 인생을 보낼 수 있다. 인간이 살아가는 데 꼭 필요한 의·식·주 중 음식을 통해 인류의 건강에 공헌할 수 있는 일이고, 마음을 풍요롭게 하는 데 기여할 수 있는 보람 있는 업이다. 2020년은 코로나-19로 외식업에 심각한 타격을 주고 있다. 소비자들은 생활 습관을 바꾸고, 오프라인 매장에선 돌파구가 필요한 상황이 되었다. 이렇게 환경은 자꾸 변한다.

사자커피 창업자 스즈키 요시오 회장은 오너가 단순히 취미로 운영하는 가게의 미래는 불 보듯 '뻔하다'고 했다. "진심을 다해 고객을 만족시키고자 노력하는 가게만이 치열한 커피 업계에서 살아남을 수 있다. 주인이 자기만족에 빠져 본인의 취향만 고집한다면 고객들에게 외면받기 십상이다." 소비자 입장에서 또 가고 싶은 가게로 만들려면 '기본과 인연, 진정성'에 충실해야 한다고 강조한 것이다. 고객이 원하는 것은 고객이 되어야 보인다. 단순히 고객 입장에서가 아니라 진짜 고객이 되어 내가 원하는 것을 알아야 한다.

나는 지금 협업으로 상생할 수 있는 비즈니스 모델을 기획하고 있다. 내가 잘할 수 있는 분야에 집중하고 나머지는 각 분야 전문가와 협업을 하는 구조다. 25년간 사업을 하면서 겪었던 시행착오와 각각의 문제점을 해소하는 데 중점을 두었다. 내가 사업을 하는 궁극적인 목적이 여기에 담겼다. 회사 규모와 상관없이 업무 프로세스는 비슷하다. 결국 회사 제품이나 서비스를 고객에게 제안하고 선택할 수 있게 만드는 일이다. 이것을 트렌드에 맞게 방법을 달리하는 것이 전략이다.

새로운 변화에 대응하려면 먼저 현재의 패러다임을 분석하고 시장의 변화를 받아들이는 수용적인 자세가 필요하다. 업계의 시장 흐름에서 빈곳을 찾아내고 그 안에서 수익을 창출할 수 있어야 한다. 어떤 제품이 시장을 장악하고 있는지 그 안에서의 움직임을 파악하고 빈틈을 찾아 자리를 잡아야 한다.

여기서 핵심은 시장 규모다. 현재는 규모가 작지만 앞으로 성장 가능성이 있는 시장을 찾는 것이 관건이다.

바쁜 현대인에게 필요한 아침식사 대용식 시장은 갈수록 커지고 있다. 2009년 7천억 원이던 식사대용식 시장 규모가 2019년 3조 원으로 4배 이상 성장했다. 식사대용식의 주 고객층은 여성으로 매출액의 70% 이상을 차지한다. 예전처럼 매 끼니 요리를 하지 않기 때문에 간편하게 아침식사 대용으로 먹을 수 있는 떡 판매도 늘고 있다.

예부터 떡은 든든한 한 끼 식사였다. 밥알인절미는 아침식사 대용식으로 간편하게 먹을 수 있는 장점이 있어 시장에 자리매김할 수 있었다. 시장 규모를 파악하고 성장 가능성을 분석하는 데는 트렌드를 읽는 통찰력이 필요한 것이다.

제2장

작은 가게
사장으로
성공하는 법

09

목표를 달성하려면
구체적으로 쓰고 소리 내어 말하고
생생하게 상상하라

목표를 달성하려면 구체적으로 쓰고 말하고 상상해야 한다. 막연히 창업해서 돈을 벌겠다는 생각이 아니라 정확한 이미지로 그려보라는 것이다. 그것은 내가 원하는 것을 이루기 위해 스스로 행동하게 만드는 근원이다. 목표를 달성한 내 모습을 상상할 수 있다면 반드시 그 목표는 이룰 수 있다.

목표를 세울 때 명심해야 할 사항은 구체적으로 측정이 가능하고 마감 기한을 명확하게 잡는 것이 핵심이다. 그리고 목표는 그것을 생각하는 순간 가슴이 뛰어야 진짜 내가 원하는 것이다.

■ 꿈을 이루는 방법

나는 10년 전 마라톤 풀코스(42.195m)에 도전한 적이 있다. 학생 때 가장 싫어하는 과목이 체육, 가장 못하는 게 달리기였기에 마라톤을 하겠다고 하니 주변 사람들은 모두 비웃었다. 하지만 두 달 후 10km 마라톤에 도전하여 완주함으로써 성취감을 느꼈다. 그리고 그때 풀코스도 뛸 수 있겠다는 확신이 들었다. 춘천 마라톤 코스를 차로 한 바퀴 돌면서 풀코스를 뛰는 모습을 상상하며 내 호흡과 땅을 밟는 발의 감각을 느끼기도 했다. 그렇게 8개월을 연습하고 춘천 마라톤 풀코스를 완주했다. 내가 살면서 느꼈던 어떤 성취보다 값진 결과였다.

나는 '마라톤 풀코스 도전'이라는 목표를 달성하는 방법으로 두 가지를 실천했다. 하나는 매주 5km 이상 달리는 연습을 했고, 또 하나는 풀코스를 뛰는 내 모습을 그렸다. 완주 후 환호와 박수를 받았을 때 느낌을 생생하게 떠올리며 오감을 동원해 이미지화한 것이다. 마지막 지점에 도달했을 때의 벅차오르는 감동과 사람들의 환호성, 웃음소리까지 기분 좋게 떠올렸다. 완주 기념 메달을 목에 건 내 모습을 자랑스럽게 바라봤고, 온몸으로 기쁨을 느꼈다. 그것은 매주 일요일 아침 달릴 수 있게 만든 힘의 원천이었다.

사업도 마찬가지다. 예를 들어 디저트 카페를 창업하려고 한다면 눈을 감고 카페 내부를 상상해 보자. 당신은 지금 어떤 옷을 입고 있는지, 창밖의 날씨는 어떤지, 거울에 비친 내 모습은 어떤지, 음악 소리와 어우러진 고객들의 대화도 들어보자. 갓 구워 낸 빵 냄새가 식욕을 당기는가? 눈을 감고 커피 향기가 주는 행복감까지 아주 구체적으로 상상해 보자. 손님이 들어오고 밝게 인사하는 내 모습과 주문한 디저트를 맛있게 먹는 손님 얼굴을 떠올려 보는 것이다.

꿈을 이루려면 목표를 확실하게 아는 것이 먼저다. 목표를 세운다는 것은 내가 가려는 방향을 명확하게 인지해야 가능하다. 그리고 경영자에게 절대 빼놓을 수 없는 것이 바로 이미지화 능력이다. 매장의 이미지를 떠올린다고 해서 단순히 메뉴나 가게 구조, 간판 같은 것만으로는 충분하지 않다. 손님에게 메뉴에 대한 설명을 하며 이 메뉴가 나오게 되기까지의 과정을 이야기하는 모습도 그려보자. 이렇게 손님들과 친근하게 어울리는 자신의 모습이 그려져야 한다.

대부분 이런 방법으로 이미지화하는 힘이 약하다. 내 꿈을 상상할 수 없다면 아직 그 꿈을 이룰 준비가 덜 된 것이다. 구체적으로 상상할 수 있을 때까지 글로 써 보는 것도 아주 좋은 방법이다. '사장학 개론'을 가르치는 김승호 회장은 목표를 100번씩 100일 동안 써 볼 것을 강조한다. 100일 안에 꼭 이루고 싶은 목표를 정하고 그 목표를 하루에 100번씩 쓰는 것이다.

그것은 말처럼 쉽지 않다. 막상 목표를 쓰려고 하면 막막해진다. 목표를 쓰게 되더라도 한 달만 써 보면 내가 이루려는 목표가 맞는지 의심하게 된다. 그것은 진짜 내 목표가 아닐 수 있다. 목표를 100번씩 써 본 사람은 그 방법이 목표를 알아가는 과정임을 알게 된다. 성공하겠다고 다짐했다면 간절히 원하는 목표부터 세워야 한다.

▪ 구체적인 목표 설정

창업을 하고 나면 일이 손에 익을 때까지 매일매일 긴장의 연속이다. 처리해야 할 일이 많은 것 같지만 막상 어디서부터 손을 대야 할지 막막할 때도 있다. 목표를 세우고 시야를 넓혀야 하는 이유가 바로 여기에 있다. 그날그날 손님이 얼마나 올까 걱정하는 사람과 목표를 세우고 집중하는 사람, 어느 매장이 더 잘 될지는 말할 필요가 없다.

긍정적으로 이미지화하는 능력이 있는 사람은 목표와 계획이 뚜렷한 사람이다. 목표는 눈에 보여야 힘이 생긴다. 생각하고 글로 쓰고 이미지화하는 것만으로도 엄청난 에너지가 나오고 힘을 얻을 수 있다.

이를 뒷받침하는 연구 결과가 있다. 캘리포니아 도미니칸대학 게일 매튜스 박사는 다양한 직업(변호사, 회계사 등)과 국적을 가진 267명을 선발해 실험을 했다. 그중 자신의 목표를 직접 적어 둔 사람은 그것을 달성할 가능성이 그렇지 않은 사람보다 39.5%나 높았다. 그다음은 이미지화하는 것이다. 목표를 종이에 적는 것에 대해서는 지금까지 무수히 많은 조언을 들었을 것이다. 성공하는 1%의 사람들이 그렇게 말하는 데는 분명히 이유가 있다. 그것이 대단히 효과적이고 그들도 그렇게 목표를 이루었기 때문이다. 그들이 할 수 있다면 우리도 할 수 있다.

지금처럼 정보의 홍수 시대에 경영의 방향성과 계획을 명확하게 세우지 않으면 방향을 잃고 헤매게 된다. 목표를 명확히 설정하고 그것을 달성하기 위해 이미지를 떠올리면서 상세한 계획을 세워 나가야 한다. 이것은 사업을 장기적으로 꾸준히 성장시키고 경영을 안정적으로 유지하기 위함이다. 목적지에 도달하기 위한 방향을 명확히 설정해야만 넘치는 정보를 유용하게 활용할 수 있다.

목표를 달성하기 위해 꼭 필요한 건 마감 기한을 정하는 것이다. 데드라인이라고 하는 마감일은 우리의 초능력을 일깨운다. 내가 세운 계획이 달성될 수 있도록 박차를 가하게 하는 힘이 마감일이다. 마감을 정하면 계획한 일에 추진력이 생기고 집중력도 강해진다. 큰 목표를 세웠다면 그것을 작게 나눠 각각의 마감일을 정해 보자.

목표를 연간, 월간, 주간, 일간으로 나누라는 조언은 누구나 한다. 하지만 대부분 준비하는 데 에너지를 다 쏟고 정작 시작을 못하는 경우가 많다. 적당한 시기가 되면 시작한다고 하지만 그런 시기는 오지 않는다. 최고의 타이밍은 언제나 지금이다.

구체적인 목표 달성을 위해서는 단기 목표를 3개월 단위로 잡고 집중하는 것이 효과적이다. 예를 들어 반드시 성취하고자 하는 목표를 매출로 잡았다면 3개월 후 목표 매출을 달성하기 위한 전략을 세우는 것이다. 이번 달까지 해야 할 일은 무엇이고, 이번 주까지는 무슨 일이 있어도 이것을 '해야 한다'는 계획이 선다.

그렇다면 내가 오늘 당장 해야 할 일이 무엇일까? 과학자 론 화이트 헤드는 《미국 물리학 저널》을 통해 도미노 하나가 줄지어 선 다른 도미노를 쓰러뜨릴 뿐만 아니라 훨씬 더 큰 것도 쓰러뜨릴 수 있다고 했다. 이렇게 모든 위대한 변화는 첫 번째 도미노가 넘어지는 것처럼 작은 것에서 시작된다.

단순하게 상상하는 것과 감정을 느끼는 것에는 큰 차이가 있다. 여행을 가기로 일정을 잡았다면 그 순간부터 설렘은 시작된다. 항공권을 예약하면서 숙박은 어디로 할지, 관광명소를 찾고 맛집 검색은 필수다. 이때 느끼는 감정이 핵심이다. 사업 목표를 정하고 구체적인 계획을 잡을 때도 마찬가지다. 그렇기 때문에 너무 높은 목표 설정은 저항이 따른다. 우리가 사업을 하는 궁극적인 목적은 행복하기 위해서다. 그 과정을 그리면서 가슴이 뛰고 설렘이 느껴져야 내가 원하는 진짜 목표다.

10
작은 가게는
부분 1위 전략으로
대기업을 넘어설 수 있다

돈을 버는 구조를 만들고 싶다면 처음에 하지 말아야 할 것을 정해야 한다. 그리고 주력 사업을 명확하게 하는 것이 성공 비결이다. 회사가 감당할 수 있는 역량을 먼저 생각하고 강점을 살린 사업을 전개해야 한다. 경쟁자와의 싸움에서 결과는 눈에 보이는 것만으로 결정되지 않는다. 좋아 보이거나 이미 검증된 방법은 약자들에게 효과가 없는 방법일 가능성이 많다. 나에게 익숙하고, 어울리고, 잘할 수 있는 방법만이 나를 차별화시킬 수 있고 스스로를 지킬 수 있다.

■ **약자의 전략**

다윗과 골리앗의 싸움에는 약자의 전략이 숨어 있다. 블레셋 군대가 이스라엘에 쳐들어왔을 때 골리앗이라는 거인이 있어 이스라엘 군대가 당해 내지 못했다. 그때 양치기 소년 다윗이 군대에 있는 형을 보러 갔다가 이 사실을 알고 사울 왕에게 말했다. "제가 나가서 싸우겠습니다. 허락해 주십시오." 사울 왕은 다윗이 너무 어려 망설였지만 결국 허락했다. 다윗이 앞으로 나오자 거인 골리앗은 코웃음을 쳤다. "꼬마 녀석이 겁도 없구나." 다윗을 얕잡아 본 것이다. 이때 다윗은 차돌을 물매에 넣어 골리앗을 향해 쏘았다. 쏜살같이 날아간 차돌은 무방비 상태인 골리앗의 이마에 맞았고 거대한 골리앗은 힘없이 쓰러졌다.

적과 싸울 때는 그들이 원하는 싸움 방식으로 접근하면 이길 수 없다. 그건 그들이 가장 잘하는 방법이고 지금까지 승리해 온 공식이다. 강자는 약자를 얕잡아 본다. 약자는 그 허수를 노리고 선택과 집중을 하면 된다. 때로는 초라해 보여도 상대에게 없는 무기와 전략으로 나가야 치열한 싸움에서 살아남을 수 있다. 선택과 집중은 작은 가게에 꼭 필요한 전략이다.

'소프트뱅크'는 창업 후 10년 동안 컴퓨터 소프트웨어 도매업 하나에만 집중했다. 당시 컴퓨터는 업무용 대형 컴퓨터나 사무용 컴퓨터가 중심이었고 개인용 컴퓨터를 구매하는 이는 소수 마니아뿐이었다. 시장은 작고 개인용 컴퓨터를 전문적으로 취급하는 도매상도 찾기 힘들었다. 하지만 소프트뱅크는 대형업체가 무시하는 이 작은 분야에서 1위를 차지하겠다고 마음먹었다. 그 후 개인용 컴퓨터 소프트웨어 도매시장 점유율을 80%나 끌어올렸다.

"세계에서 가장 높은 산은?" 하고 물으면 누구나 에베레스트라고 답한다. 그런데 두 번째 높은 산을 물으면 대답하는 이가 많지 않다. 세 번째를 물으면 아예 난이도 높은 퀴즈 영역이 되어 버린다. 이처럼 1위는 잘 기억해도 그다음은 기억하지 않는다. 전국 1위가 되기는 어렵다. 하지만 분야나 영역을 좁히면 누구나 작은 1위를 차지할 수 있다. 경쟁업체와 비교했을 때 자신의 제품이 우위를 차지할 수 없다면 고객 응대나 영업 면에서 철저히 차별화를 꾀해야 한다.

작은 가게일수록 경쟁자가 하지 않는 '그 무엇'이 반드시 필요하다. 작은 가게에 가장 위험한 것은 과욕이다. 안 그래도 힘이 달리는데 그 힘을 분산시켜 봤자 더욱 약해질 뿐이다. 작은 가게는 넓은 범위에서는 대기업보다 약할지라도 한 곳에 힘을 모으면 대기업을 넘어설 수 있다. 하나에 집중해야 하는 이유가 여기에 있다. 구멍을 깊게 파면 지름이 자연스럽게 커지는 원리다.

'무엇이든 하겠다'는 것은 많은 사람들이 쉽게 저지르는 실수다. 여행의 경우 국내, 해외, 항공권, 패키지, 개인, 단체 등 모든 영역을 취급한다. 쇼핑몰도 식자재, 포장용기, 인쇄물까지 돈이 되면 다 하겠다는 생각이다. 고객 입장에서 보면 무엇을 잘하는 곳인지, 전문분야가 있기는 한지 의구심을 갖게 된다. 한 가지만 전문화된 업체여야 상대가 기억하기 쉽다. 또한 힘이 분산되는 것을 막을 수 있다.

■ 소규모 1위, 부분 1위를 노린다

해외 골프 전문 '바로여행' 허이선 대표는 골프, 콘도 분양 24년 경력의 베테랑이다. 10여 년 전 친구들과 골프 여행을 갔다가 여행사 직원이 서툴러서 '차라리 우리가 하자'며 시작한 사업이라 한다. 허 대표는 "갈수록 열악해지는 경영 환경에서 살아남으려면 한 분야에서 만큼은 최고가 돼야 한다고 생각했다. 회원권 업계는 시장 규모가 작아지는데 골프 전문 여행은 성장세를 타면서 자리를 잡았다"며 골프 전문 여행사로의 전향을 신의 한 수라고 했다.

허 대표는 시작부터 약자 전략으로 달려왔기에 경쟁 상대를 이길 수 있었다. 차별화를 통해 '작은 1위'를 차지할 수 있는 상품이나 사업을 찾아 그것에 집중하고 범위를 좁히는 것이다.

대개 여행사는 누구에게나 무엇이든 폭넓게 판매한다. 그러나 그것은 선발주자나 대기업의 전략이다. 어떤 업계든 대기업과의 차별화, 세분화, 집중 공략으로 성공할 수 있는 틈새시장은 반드시 존재한다. 바로여행의 고객 재방문율은 60% 이상이다. 본인이 직접 답사한 곳만 추천하고 각 골프장의 장단점을 고객에게 설명해 주니 만족도가 높을 수밖에 없다. 허 대표는 자신이 좋아하는 골프와 여행을 접목시켜 10년간 300곳 이상을 직접 가 봤다고 한다. 그렇게 해서 현재까지 해외 송출 고객수가 2만 명이 넘는다. 소비자 입장에서 불편했던 것을 기억하고 그들이 원하는 것을 만족시켜 줌으로써 고객을 감동하게 만드는 전략이다.

대구의 분식점 '꽃분이의 식탁'은 서민갑부 프로그램에 소개되어 더 유명해졌다. 처음 프랜차이즈로 시작한 분식점은 재료비가 너무 많이 나가 임대료도 낼 수 없는 상황이었다. 곽정호 사장은 프랜차이즈 대신 개인 매장을 하면 본인이 생각하는 대로 변화를 줄 수 있겠다고 생각했다. 지금은 끊임없이 메뉴에 변화를 줌으로써 늘 새롭고 다양한 음식을 고객에게 제안한다고 한다. 대구에 있는 어린이집, 유치원 등 단체 고객이 될 만한 곳의 목록을 뽑아 일일이 편지를 보냈다는 곽정호 대표의 열정이 남다르다. 작은 분식점도 적극적인 홍보로 내 매장만의 차별화 전략을 내세워 영업을 한 것이다.

작은 가게는 세상의 변화를 주도하기는 어렵다. 하지만 변화를 따라

가거나 예측할 수는 있다. 당신의 회사가 살아남을 수 있는가는 시대의 변화에 대응할 수 있느냐 없느냐에 달려 있다. 예를 들어 케이크 50개, 커피 100잔을 판매할 계획을 세웠는데 예상과 달리 케이크는 80개를 팔고 커피는 30잔밖에 팔지 못했다. 이런 경우 대부분의 사장은 케이크보다 커피 판매량을 늘리려고 한다. 하지만 고객이 좋아하는 것은 커피가 아니라 케이크라는 사실에 주목해야 한다. 고객의 목소리에 귀를 기울이면 답이 있다.

식당에서 점심 메뉴로 김치찌개를 판매했는데 기대만큼 잘 팔리지 않을 경우 '옆집에 설렁탕이 잘 팔리니 우리도 해 볼까?' 하고 성급하게 추측해서는 안 된다. '왜 김치찌개가 팔리지 않았을까?' 하는 의문을 품고 고객의 의견을 들어봐야 한다. 다수의 고객이 '돼지고기보다 참치김치찌개가 좋아요'라고 말했다면 참치김치찌개를 판매하는 것이 옳다. 작은 가게일수록 메뉴는 간단해야 한다.

비즈니스 모델은 크게 총을 파는 모델과 총알을 파는 모델로 나뉜다. 총은 한번 구입하면 한동안 구입하지 않는다. 총을 다시 구입하는 경우는 가지고 있는 총의 성능이 떨어졌을 때나 새로운 기능이 필요할 때다. 따라서 더 많은 총을 판매하려면 항상 새로운 고객을 확보해야 한다.

반면에 총알은 소모품이다. 총을 구입한 사람은 반드시 총알도 구입한다. 총을 사용하려면 총알은 계속 필요하기 때문이다. 그래서 총알을 파는 비즈니스는 같은 고객에게 같은 상품을 정기적으로 반복해서 판매할 수 있다. 작은 회사는 총을 판매하는 사업보다 총알을 판매하는 사업이 더 안정적인 비즈니스 모델이다.

■ 고객과 친밀감을 높인다

손님의 마음을 알고 싶어 하는 자세는 외식업 경영자에게 꼭 필요한 자질이다. 엄마가 만든 요리를 아이가 잘 먹지 않으면 왜 그런지 살필 것이다. 손님을 생각하는 마음도 그와 마찬가지여야 한다. 손님이 음식을 남겼다면 왜 그런지 긴장해야 하고 이유를 물어보고 살펴야 한다.

나는 음식을 많이 남겼다 싶으면 무조건 먹어 본다. 작은 가게가 대기업을 상대로 이길 수 있는 건 손님을 대하는 '마음'뿐이다. 에어컨 바람은 시원하지만 엄마의 '부채바람'은 편안함에 사랑까지 느껴진다. 작은 가게는 고객을 향한 진정성이 가장 큰 경쟁력이다.

스타벅스 하워드 슐츠 회장은 고객과의 스킨십의 긍정적 영향력에 대해 이렇게 말했다.

"스타벅스 브랜드의 가치는 지역 사회와의 친밀한 관계와 인간애다. 우리는 인간 및 지역 사회와의 관계를 향한 강한 요구와 열망을 지속적으로 되새긴다. 그것이 고객의 선택을 결정하는 새롭고도 강력한 힘이다."

작은 가게는 유행을 쫓아갈 것이 아니라 질릴 일이 없는 평범한 가게를 목표로 하여 고객과의 관계를 중심으로 삼는 것도 방법이다.

내가 '청년장사꾼'을 알게 된 것은 우리 회사가 현대백화점 판교점에 입점한 후였다. 그들이 하는 '감자집'은 옆을 지나가기만 해도 웃음이 절로 나온다. 청년들은 '누님' '어머님' 같은 친근한 호칭으로 고객을 맞이하고 재밌는 멘트로 웃게 만든다. 직원 유니폼 뒷면에는 '감자 살래? 나랑 살래?' '크게 될 놈 뭘 해도 될 놈' 등 피식 웃게 되는 문구들이 새겨져 있다.

청년장사꾼 김윤규 대표는 "저희는 시작할 때부터 몇십 년 동안 음식을 해 오신 분들의 손맛을 따라갈 수 없다고 판단했어요. 그 대신 에너지와 감동, 재미를 드리기로 결심했죠"라고 말했다.

매장에 가 보면 여러 청년 중 누가 사장인지 알 수 없을 정도로 모두 주인같이 일한다. 김윤규 대표는 청년장사꾼의 첫 번째 자격은 '의지'라고 한다. 얼마나 진정성을 가지고 장사를 배우는지, 열정을 가지고 집중할 수 있는지를 중요하게 생각한다. 그들이 특별한 맛이나 멋진 인테리어가 아님에도 사랑받는 이유는 열정을 바탕으로 친근한 서비스를 하는 작은 가게만의 전략이기 때문이다.

작은 가게는 사장 혼자서 모든 일을 해야 한다. 직원을 구하기 전까지 내가 고객에게 분배할 수 있는 시간은 한정되어 있다. 따라서 담당할 수 있는 고객 수도 시간적 제약 때문에 한정될 수밖에 없다. 시간이 제한되어 있고 고객도 한정되어 있다. 이런 상황에서 매달 목표 매출을 달성하려면 어떻게 해야 할까? 내가 제공하는 상품과 서비스가 고객 입장에서 다소 가격이 높더라도 가치를 인정하고 흔쾌히 구매할 수 있도록 만들어야 한다. 자원이 제한된 개인 사업가에게 전략은 비싸도 고객이 사 주는 콘텐츠를 만드는 것이다.

11

스토리텔링으로
제품을 돋보이게 하는
차별화 전략

모든 사업에는 스토리 생성이 필요하다. 사업 아이템과 내가 갖고 있는 자원, 즉 나만의 스토리가 자연스럽게 연결되어야 한다. 본인의 사업과 연계된 경험과 현재 사업과 이어지는 스토리가 있으면 고객이 이해하기 쉽다. 어떤 이유로 본인의 상품을 소비자에게 제안하게 되었는지를 담아야 한다. 상품을 개발하기까지 일련의 과정과 상품의 매력적인 요소를 강하게 어필할 수 있는 내용이면 더욱 좋다. 소통을 통해 브랜드에 진정성을 전달할 수 있어야 한다.

■ **제품이 돋보이는 스토리**

착한 친환경 화장품 '라홍'은 서울시를 대표하여 대한민국 자치박람회에서 화장품 부문 1위를 차지했다. 라홍은 중소기업청 우수제품, 하이서울 우수제품으로 선정된 착한 기업이다. 라홍의 홍정혜 대표는 "내가 만든 화장품으로 딸의 아토피 증상이 좋아지는 것을 보고 친환경 화장품 사업에 더욱 확신을 갖게 됐다"고 한다. 라홍은 '피부에 주는 착한 선물'로 자연과 인간의 조화를 생각하는 '자연주의 착한 친환경 화장품'으로 유아부터 온 가족이 사용할 수 있는 화장품이다. 홍정혜 대표는 좋은 원료만을 고집하기에 성분만큼은 명품이라 자부하고 있다.

'고원니트(주)' 고혜진 대표는 원단사업을 하고 있는 원단 우먼이다. 아버지의 원단공장을 물려받아 시작한 사업이 불황으로 어려워지자 운동복, 수영복 OEM 제조유통으로 판로를 개척했다. 여기에 그치지 않고 2018년 본인의 브랜드로 요가복 '루티나'를 런칭해 활약 중이다. 원단공장만 운영하던 2세 대표에서 새로운 시도로 입지를 굳혀 가고 있다. 2020년 크라우드 펀딩을 통해 남자 레깅스를 오픈하는 등 의류 브랜드 사업으로 영역을 확장 중에 있다. 이렇듯 사업을 하며 겪는 어려움을 도전으로 극복하는 과정 하나하나에 스토리가 만들어진다.

당신이 제공하는 제품이나 서비스가 고객의 삶과 가치에 어떻게 도움이 되는지에 초점을 맞춰 이야기해야 한다. 도널드 밀러는 저서 《무기가 되는 스토리》에서 제품과 서비스의 포지셔닝을 사람들이 생존하고, 사랑을 찾고, 정체성을 완성하는 것에 맞춰야 한다고 했다. 그렇게 한다면 모든 이에게 어떤 것이든 팔 수 있다. 사람들이 관심을 갖는 것은 오직 이런 것뿐이다.

■ 내 이야기를 하는 것이 아니라 고객의 이야기를 들어주는 것

고객을 공감 가는 스토리 속으로 초대할 줄 아는 회사는 성장할 수 있다. 그 스토리에는 회사 이야기뿐 아니라 고객의 이야기를 담아 같이 고개를 끄덕일 수 있는 내용을 담아도 좋다. 나와 고객이 함께 만드는 이야기는 더욱 소비자의 감성을 자극하며, 더 큰 재미와 감동을 줄 수 있다.

고객이 무엇을 하며 시간을 보내는지, 무엇에 관심이 있는지 그들의 마음을 사로잡을 문화코드를 담아야 한다. 예전에는 '문화' 하면 '가진 자들의 여유'에서 비롯된 귀족문화였는데 지금은 '대중의 호응'이 주요한 기준이다.

홈페이지가 예쁘다고 물건이 팔리지는 않는다. 우리가 분명한 메시지를 전하지 않는 한 고객은 귀담아 듣지 않는다. 스토리는 사람들이 고개를 끄덕이는 장치다. 스토리는 꿈을 키워 나가는 과정과 그 꿈을 달성하기 위해 들이는 열정, 그리고 영혼이 담겨야 빛이 난다. 브랜드와 관련한 스토리를 구성할 때는 고객이 따라갈 수 있는 지도를 그려서 제품이나 서비스에 관심을 갖게 만들어야 한다. 왜 이 제품에 관심을 가져야만 하는지 정확히 이해할 수 있게 만드는 것이다.

고객이 무얼 원하는지 고객의 어떤 문제를 해결하게 도와줘야 하는지를 찾아보자. 그리고 당신의 제품이나 서비스를 이용하고 나면 고객의 삶이 어떻게 달라질지 이야기해야 한다. 우리가 고객에게 말하고 있다고 생각하는 내용과 고객이 실제로 듣는 내용은 전혀 다를 수 있다. 고객의 구매 결정은 우리가 말하는 내용이 아니라 그가 듣는 내용을 바탕으로 이뤄진다. 사람들은 자신이 보고 싶은 것만 보고 듣고 싶은 것만 듣는다. 고객과 마음이 통하고 싶다면 분명한 메시지를 전해야 한다.

E. M. 포스터는 《소설의 여러 양상(Aspects of the Novel, 1927)》에서 "왕이 죽고, 왕비가 죽었다. 그것은 스토리다. 왕이 죽자, 왕비가 슬픔

에 겨워 죽었다. 그것이 플롯이다"라고 정의했다. 고객이 상품이나 서비스에 감정을 이입하게 만드는 것이 스토리를 보여 주는 것이다. 영화나 드라마 등장인물에게 감정을 이입하는 까닭은 스토리가 있기 때문이다. 스토리가 있으면 상품에 대한 감정이 생기고 갖고 싶다는 마음이 생긴다. 상품 개발 스토리, 시행착오를 겪은 에피소드, 고객이 구입하게 되는 과정까지의 스토리다. 모든 스토리는 고객을 감동시키는 것이 목적이지만 공감할 수 있는 내용이어야 한다.

■ 무엇을 어떻게 전달할 것인가?

언제 어디서나 간결하고 명확한 메시지는 사람을 움직인다. 효과적으로 나를 알리기 위한 에센셜을 이야기할 때도 핵심만 강조해야 한다. SNS와 모바일 기반 콘텐츠의 변화도 간결함에 초점이 맞춰져 있다. 이미지가 강조되면서 텍스트는 짧아졌다. 해시태그(#)로 표현하는 핵심 문구가 이와 같은 맥락이다.

성공한 브랜드의 공통점 또한 명확한 가치 전달에서 찾을 수 있다. 소비자를 향해 전하고자 하는 메시지가 뚜렷한 것이다. 이처럼 기억에 남을, 그리고 남겨야 할 메시지의 함축된 전달이 중요하다. 명확한 메시지는 고객에게 인식을 심어 주고, 나아가 브랜딩의 초석이 된다.

제품의 기능적인 면보다 제품이 담고 있는 이야기를 고객에게 들려주는 방법도 가능하다. '탐스슈즈'는 디자인이 단순하고 가격 또한 저렴하지 않다. 그러나 감동 스토리를 입힌 이 신발은 전 세계인에게 꾸준한 사랑을 받고 있다. CEO 블레이크 마이코스키는 아르헨티나에 여행을 갔다가 신발이 없어 다치고 병든 아이들의 발을 보게 된다.

그는 기부가 아닌 사업을 통해 아이들을 돕고자 했다. 고객이 운동화 한 켤레를 구매하면 개발도상국 어린이에게 한 켤레를 기부하는 형태였다. 이처럼 제품에 감동 스토리를 입혀 고객의 상징적인 니즈에 호소하는 방법도 있다.

기업의 존재 이유와 가치를 표현하는 방법으로 가장 자연스러운 것이 스토리텔링이다. 제품이나 서비스로 기업이 추구하는 가치를 표현하고 이는 고객에게 간접적으로 다가간다. 그러므로 내가 무엇을 위해 매일 시간과 노력을 들이는지, 그것으로 고객에게 어떤 가치와 도움이 되는지 어필해야 한다. 우리 회사 구성원들이 제품에 쏟는 열정과 활동에 대해 다양한 정보를 체계적으로 표현하는 작업이다. 그것이 바로 스토리다.

■ 전통과 상징의 스토리를 만들면 고객은 열광한다

'1865'는 산 페드로라는 칠레산 와인으로 이 회사의 설립연도인 1865년을 기념하여 만들었다. 하지만 한국에서 '1865'라는 숫자는 전혀 다른 의미로 알려졌다. 전 세계 80개국으로 수출되는 이 와인은 한국이 최대 소비국이다. 이유는 한국에서 골프를 좋아하는 사람들에게 인기가 많아졌기 때문이다.

이 와인을 수입한 회사에서 새로운 마케팅 전략으로 '1865' 와인 숫자를 골프의 18홀과 65타에 접목해 새로운 스토리를 만들었다. 골프의 드림스코어 '18홀을 65타에 칠 수 있게 해 주는 와인' '18홀에 65타를 기원하는' 등 행운의 뜻으로 스토리텔링을 한 것이다. 논리적이지 않지만 이 같은 스토리텔링으로도 고객의 마음을 움직일 수 있다.

스토리텔링 마케팅은 제품의 특성을 이성적으로 또는 객관적으로 설명하는 것이 아니다. 고객이 관심을 가질 만한 이야깃거리로 풀어 나가는 것이다. 미래학자 롤프 옌센은 미래의 부(富)를 창조하는 길은 더 이상 상품의 기능에서 나오지 않는다고 했다.

꿈과 감성이 지배하는 21세기, 소비자는 상상력을 자극하는 스토리가 담긴 제품을 구매한다. 소비자 감성을 자극하는 스토리텔링은 부를 창조하는 원동력이다. 아이폰과 아이패드의 성공은 상품의 성능, 우월한 효용성뿐 아니라 스티브 잡스의 스토리가 큰 역할을 했다. 창업한 회사에서 쫓겨나고 암이라는 극한 상황에 직면한 스티브 잡스의 이야기는 성공적인 스토리텔링 사례다.

스토리텔링은 상대방에게 알리고자 하는 바를 재미있고 생생한 이야기로 설득력 있게 전달하는 것이다. 그렇게 고객과의 감정적인 유대관계를 형성하는 데 중요한 도구가 된다. 또한 소비자의 공감을 얻거나 호기심을 유발하기 때문에 기업은 마케팅 활동에 스토리텔링을 다양하게 활용하고 있다. 스토리텔링은 꼭 비즈니스에 관련된 내용이 아니어도 된다. 지루한 이야기보다 오히려 회사 대표가 학창 시절에 있었던 일, 재미있는 에피소드 등을 스토리텔링 주제로 활용해도 좋다. 중요한 것은 스토리를 통해 차별점을 표현하고 브랜드의 가치를 올리는 것이다.

12
우리는 제품을
판매하는 것이 아니라
가치를 판매한다

이제는 제품의 질로 승부하는 시대는 지났다. 품질만으로는 차별화가 되지 않는다는 얘기다. 그렇다면 무엇이 선택 기준이 될까? 그것은 바로 '우리 제품의 가치를 어떻게 인식시킬 것인가'다. 가치를 만들어 내는 가장 확실한 방법은 브랜드에 새로운 역할을 만들어 주는 것이다. 문화와 감정을 제안하고 우리 철학을 소비자들과 공유해야 한다. 제품의 질이나 맛이 상향 평준화되었기에 그 이상의 '무엇'이 필요한 시대가 되었다.

■ 고객의 마음을 사로잡는 방법

업사이클링 선두주자인 스위스 가방 브랜드 '프라이탁'은 새로운 가치를 제안했다. 창업자 마커스 프라이탁은 자전거 튜브, 차량용 안전벨트 등 폐품을 재활용하는 획기적인 아이디어를 냈다. 그는 "좋은 기능을 갖추고 있다면 브랜드의 생명력이 오래가고 그것이 새로운 트렌드를 만들 수 있다"고 했다. 프라이탁은 세상에 하나뿐인 'only one'이라는 새로운 가치와 원재료의 진정성을 스토리로 만든 것이다.

그들에게 '흠집'은 또 하나 브랜드의 정체성이다. 여기에 환경이라는 전 인류가 공감하는 관심사를 포함하니 가치가 더해졌다. 폐품으로 명품을 만든 프라이탁은 오랜 기간 사용한 흔적, 흠집이 제품의 가치를 올려 주는 스토리가 되었다.

일본의 '츠타야(TSUTAYA)' 서점 창업자 마스다 무네아키는 라이프 스타일을 파는 매장을 만들었다. 기존 서점에서 새로운 발상으로 '새로운 업태'를 만든 것이다. 마스다 무네아키 회장은 "사람들은 영화 속에 등장하는 인물의 스타일을 동경하고, 록 음악에 표현된 세계관에 공감한다. 우리는 레코드나 비디오, 서적 같은 물건이 아니라 라이프 스타일을 발견할 수 있는 기회와 장소를 제공하고 싶었다"고 한다. 이것이 츠타야의 출발점이다. 책, 레코드, 비디오를 고객의 가치 기준으로 묶어 멀티 패키지 스토어가 된 것이다. 츠타야가 고객에게 제공하는 것은 새로운 라이프 스타일의 제안이다.

'스타벅스'는 시간에 쫓기는 현대인들에게 잠시 쉴 수 있는 '제3의 장소'를 제공한다. '제3의 공간'은 집이나 직장 외에 나만의 시간을 보내고 싶은 욕구와 사람들이 모여 잠시 쉬며 이야기할 수 있는 공간이다. 스타벅스는 커피를 파는 것이 아니라 고객의 마음을 편안하게 만드는 공간을 파는 것이다. 하워드 슐츠 회장은 '제3의 공간'으로서 고객에게 제공해야 할 것들에 대해 '작은 사치(Small Luxury)'와 도피를 위해 온 고객을 적당히 방치하는 '오아시스'라고 했다.

내가 운영하는 케이크 카페는 조용히 책을 보러 오는 고객이 많다. 우리는 그들에게 방해가 되지 않도록 주의를 기울이는 것으로 고객을 배려한다. 카페에 와서 책을 읽는다는 것은 일상을 벗어나 누리는 혼자만의 여유일 수 있다. 편안하고 행복했던 기억이 깃들 수 있는 공간을 기획하고 제공해야 한다. 같은 커피라도 어느 곳에서 누구와 마시느냐에 따라 맛과 느낌이 다르다. 고객이 평온한 분위기를 느끼고 감동을 체감할 수 있는 스토리를 만들어야 한다. 그러면 그 스토리 때문에 고객은 다시 찾아오게 된다.

고객에게 팔고 싶은 가치를 찾았다면 다음 단계로 나아갈 수 있다. 고객에게 에너지를 주는 매장이라면 직원 유니폼을 어떤 색으로 해야 할까. 유니폼 색이 변화를 상징하는 보라색이거나 순수함의 상징인 흰색은 안 된다. 기쁨과 행복, 에너지를 상징하는 노란색이 가장 어울리는 색이다. 나중에 '요즘 핫 핑크가 유행이니까 우리도 유니폼을 핑크색으로 바꿀까?'라는 고민을 할 이유가 없어진다. 만약 경영의 위기가 온다면 '우리는 고객에게 에너지를 주고 있는 걸까?'라는 질문을 해야 한다. 이렇게 자기만의 것을 갖고 있으면 위기가 와도 올바른 질문을 할 수 있고 바른 해답을 찾아 변화할 수 있다.

밀레니얼 세대는 '가치 소비'를 추구한다. 이들은 브랜드로 자신의 정체성을 표현하는 것에 익숙한 세대다. 자신들의 소비를 물품을 구매하는 행위가 아니라 자신의 존재를 증명하는 일로 받아들인다. 그래서 고가 브랜드와 저가 브랜드를 동시에 소비하는 것이 그들에게는 아무렇지 않다. 중요하게 생각하는 것은 가격이 아니라 이 브랜드가 나의 가치를 높일 수 있느냐다. 이들은 '직접 경험'을 중요하게 생각한다. 자신들의 방식으로 경험한 것이 중요하지 간접 경험이나 전통은 참고사항일 뿐이다.

■ 오프라인의 강점

예전 소비자는 필요에 의한 구매 행위를 했다면 지금은 가치를 중요시한다. 자랑할 수 있는 소비는 살아남고 그렇지 않은 소비는 외면받는다. 그들에게는 낡고 오래된 밥집 앞에서 몇 시간씩 줄을 서는 것과 고급 식당을 예약하는 것 사이에 차이가 없다. 오히려 낡은 집 앞에 줄을 서는 행위를 더 가치 있게 여기고 더 자랑하기도 한다. 그들은 식사를 하는 것이 아니라 '놀이를 하는 것'이고 그 경험을 공유함으로써 자신의 가치를 인정받으려고 한다. 이것이 새로운 세대의 소비 패턴이다.

많은 사람이 오프라인의 파멸을 이야기한다. 모든 것을 온라인에서 해결할 수 있는 것처럼 보인다. 그러나 사람들은 몇십 년 된 빵집 앞에 줄을 서고 동네에 숨어 있는 카페를 찾아 골목을 헤맨다. 오프라인만의 강렬한 경험을 줄 수 있다면 그 경험은 어떤 광고보다 강력한 효과를 발휘한다. 엄청난 입소문은 물론 그 브랜드에 소속감을 느끼는 고객층이 형성된다. 오늘날 오프라인 매장이 죽어가는 게 아니라 오프라인 매장만이 줄 수 있는 가치를 갖고 있는 곳은 살아남고 없는 곳들은 사라지는 것이다.

이마트의 '일렉트로마트'는 남자들의 놀이터로 상징되며 업계의 새로운 흐름을 보여 준다. 매장은 남자들의 니즈를 반영한 드론, 카메라, 스피커, 맥주, 자전거, 이발소, 안경점으로 채워지고, 남성들이 원하는 다양한 제품과 서비스를 갖추었다. 바에 들러 맥주도 한잔 할 수 있고, RC카 서킷이나 드론 체험 존에서 제품을 체험해 볼 수도 있다. 즉 남자들로 하여금 그곳에 가야 하는 이유를 만들어 준 것이다.

■ 경험이 주는 가치

세계적인 경영컨설턴트 톰 피터스는 《미래를 경영하라》에서 "스타벅스는 커피를 파는 곳이 아니다. 클럽메드는 휴가를 팔지 않고, 기네스는 맥주를 팔지 않는다. 할리데이비슨 역시 오토바이를 팔지 않는다"면서 이들 회사는 경험을 팔아 성공했다고 강조하고 있다. 할리데이비슨은 반항적인 라이프 스타일, 스타벅스는 고급스럽고 지적인 낭만, 클럽메드는 일상을 벗어나 자신을 재발견하는 여유로움, 기네스는 공동체의 경험을 성공적으로 팔고 있다는 것이다. 앞으로 기업의 부가가치는 경험의 질에서 나온다는 것을 의미한다.

마케팅의 대가 세스 고딘이 강조한 '리마커블(remarkable)'은 얘기할 만한 가치와 주목할 만한 가치가 있고, 예외적이고, 새롭고, 흥미진진하다는 뜻이다. 따분한 것들은 이제 눈에 보이지 않는다. 제품은 고객과의 연결성을 전제로 한 콘텐츠다. 자신을 표현할 수 있고 사람들과 공유할 만한 콘텐츠는 소셜 미디어에서 가장 먼저 소비된다. 상품에 대한 고객의 눈높이는 갈수록 높아지고 진보해 간다.

제품이 콘텐츠라면 콘텐츠가 소비되는 이유를 분석해야 하고, 그에 따른 조건을 갖춰야 한다. 고객은 자신을 표현할 수 있고 타인에게도 공유할 만한 가치가 있는 콘텐츠를 SNS에 올리는 것에 의미를 둔다. 일상을 통해서 자신을 표현한다는 것은 내가 누구인지를 말해 주는 또 다른 방법이다. 어디를 갔는지 무엇을 먹고 마셨는지에 대한 평범한 일상 속에서 자신의 존재를 인정받고 싶은 심리다.

스탠퍼드대 이타마르 시몬슨 교수는 현재를 '완전정보시대'라고 했다. 소비자들이 제품에 대해 거의 완벽한 정보를 얻을 수 있는 시대가 온 것이다. 완전정보시대에 소비자를 움직이는 것은 절대가치다. 그것은 소비자가 제품을 사용할 때 실제 경험에서 나오는 가치다. 과거처럼 브랜드나 기업광고를 통해 품질을 추론할 필요가 없다. 스스로 정보를 검색할 수 있는 데다 그게 힘들다면 SNS를 통해 사람들의 리뷰를 확인하면 된다. 변한 것은 의사 결정의 기준뿐이 아니다. 의사 결정을 하는 과정도 달라졌다.

좋은 제품은 기본이어야 하고 심지어 좋기만 한 제품은 팔리지 않는 시대가 되었다. 사람들이 새롭고 특별한 것에만 관심을 보이는 것이 아니다. 인간은 오래되고 한결같은 것에 끌리는 습성이 있다. 사업을 한다는 것은 변하지 않는 가치를 유지하는 것이 관건이다. 그러기에 최고의 가치는 영혼이 느껴지는 진정성이 바탕이 되어야 한다.

지금은 물건을 파는 것이 아니라 시간과 공간, 문화를 파는 시대다. 제품이 아닌 가치와 스토리를 파는 것이다. 새로운 라이프 스타일을 제안하고 창조적인 가치를 더해야 한다.

13
고객의 니즈와 원츠를
정확히 파악해야
사업 전략을 세울 수 있다

물을 크리스털 잔에 마신다고 물맛이 좋아지는 것이 아닌데 왜 비싼 크리스털 잔을 사려 할까? 향초는 꼭 필요해서 사는 걸까? 명품백이 가격만큼 기능이 더 좋아서 사는 걸까? 이에 대한 대답을 정리한 《사람들은 필요하지 않은 물건을 왜 살까》라는 책이 있다. 답을 한마디로 요약하면 니즈가 아닌 원츠 때문이다. 고객의 이용 동기에 맞는 상품 아이템을 개발하는 것, 즉 니즈와 원츠를 정확하게 파악하는 일은 전략을 짜기 위해 꼭 필요하다.

■ 관찰의 힘

사업에서 가장 중요한 것은 고객이다. 고객이 원하는 것과 문제점을 찾고 그것을 해결하는 것이다. 그러기 위해서는 고객을 관찰해야 한다. 새로운 비즈니스 모델이나 참신한 아이디어만 가지고 성공할 수 있는 사업은 없다. 내가 생각한 해결 방안이 기존 시장에서 자리매김할 수 있는지 검증이 필요하다. 고객의 니즈와 원츠는 관념적으로 확인하는 것이 아니라 현장에서 일어나는 일련의 변화를 감지하고 대응해야 한다.

20세기에는 니즈만으로도 시장이 형성되었지만 이제 니즈는 상당 부분 충족되었다. 21세기 마케팅의 초점은 원츠의 충족이다. 원츠의 세상에서는 사람들이 편리함만을 추구하지 않는다. 비싼 가격도 마다하지 않는다. 안 사도 되는 것을 사게 만들고 고장 나지 않았는데도 또 사게 만든다. 더 비싸도 구입하게 만드는 것이 원츠지만, 그를 통해 사람들의 행복감과 만족은 더 높아진다. 원츠를 자극할 수 있다면 가격의 제한도 수요의 끝도 없다. 바로 그곳에 블루오션 시장의 기회가 있는 것이다.

다양한 정보가 넘쳐나지만 유익한 정보가 담긴 상품은 다른 사람에게 알리기도 쉽고 입소문도 잘 퍼진다. 또한 구입 동기가 명확하면 구입한 후의 이미지를 떠올리기가 쉽다. 판매자 입장에서는 고객에게 제품을 소개하기 쉽고 광고 문구를 작성하기 편하다. 구입 동기를 명확하게 강조해서 고객이 다른 상품으로 대체하지 않고 내 제품을 선택하도록 만들어야 한다.

1인가구는 2020년 전체 가구의 30%를 넘을 전망이다. 1인가구의 니즈는 간소함이다. 공유가 중요한 요건이 되고 비즈니스 모델도 '공유'가 중요한 키워드가 되었다. 공유오피스, 공유주방, 공유주차장까지 이제는 낯설지 않다. 1인가구는 다른 가치관과 라이프 스타일을 가진다. 자신의 취향에 집중하고 트렌드에 민감하여 100인 100색이다. 미래보다는 현재를, 소유보다는 경험을 택한다.

고객의 불편함을 제대로 발견할 수 있다면 올바른 제안을 할 수 있다. 고객의 욕구에는 의·식·주 같은 기본 니즈가 있고, 문화와 경험에 의해 형성된 원츠가 있다. 욕구를 분석하기 위해서는 사소한 불만의 목소리도 허투루 넘기지 않는 세심함이 필요하다. 제품을 구매할 고객층의 니즈를 정확하게 파악해 비어 있는 틈을 찾아내야 한다. 내가 제시한 제품이나 서비스를 통해서만 얻을 수 있는 혜택이 드러나야 가치를 인정받을 수 있다. 같은 관점의 싸움은 레드오션이지만 남과 다른 관점으로 다가가면 블루오션이 된다.

■ 시니어 시장을 주목하라

시니어 시장에는 시니어가 없다는 말이 있다. 시니어, 노인, 고령이라고 정의하는 순간 외면받게 된다는 것을 의미한다. 이들의 원츠를 찾고 이해하는 노력이 필요하다. 고령사회로 접어들면서 시니어 비즈니스 모델이 성장하고 있다. 시니어층을 새로운 소비군으로 인식하고 그들에게 필요한 전략을 짜야 한다. 과거와 달리 신인류 시니어들은 시간적·경제적 여유를 가지고 사회활동에 적극 참여하고 있기 때문이다.

베이비부머 세대는 800여만 명으로 전체 인구의 14.6%를 차지한다. 기존 고령층에 비해 학력이 높고 문화적 개방도 역시 높은 편이다. 개인주의적 성향도 이전 세대에 비해 강한 편이어서 자신을 위한 소비에 적극적이다. 시니어 시장을 주목해야 하는 또 다른 이유는 앞으로 시니어 소비를 주도할 현재의 50대가 가진 소비 잠재력이 크기 때문이다. 과거와는 달리 노후를 대비하는 인식이 보편화되었고 그에 따른 활발한 경제활동도 당연시되고 있다.

우리보다 앞서 고령화가 진행된 일본 역시 단카이 세대(한국의 베이비부머 세대에 해당)가 내수시장을 주도하는 모습을 보이기 시작했다. 2050년이 되면 전체 인구 중 65세 이상 노인인구 비율은 지금보다 3배 이상 증가한 38.2%로 세계 최고가 될 것으로 전망하고 있다. 고령화 속도 또한 예사롭지 않다. 고령인구 비율이 6%에서 20%로 증가하는 데 걸린 기간이 일본은 36년, 한국은 26년으로 더 빠르게 증가될 것으로 예상하고 있다.

이들은 경제적 측면에서도 과거 고령자 계층과는 다르다. 게다가 국내 토지 42%, 건물 58%, 주식 20%를 보유하고 있어 구매 잠재력이 풍부한 계층으로 분석된다. 또한 산업화와 민주화를 거치면서 과거 세대와는 다른 성향의 라이프 스타일을 보이고 있다. 따라서 시니어를 거대한 소비 집단으로 보고 그들의 관점에서 시장에 접근하는 것이 필요하다. 기업에서도 역시 주 타깃을 노년층에 두는 마케팅이 늘고 있다.

부상하는 시니어 시장은 또 다른 기회다. 하지만 획일적이고 객관적인 잣대로 고령층을 분석하고 타깃으로 삼는 것은 지양해야 한다. 실제 연령과 인지 연령의 차이가 크고 니즈가 다양한 시니어들의 본심을 알아내는 것이 쉽지 않다. 그들의 행동을 관찰하는 적극적인 노력이 필요하다. 예전에 환갑은 할머니, 할아버지들의 만수무강을 기원하는 잔치였다. 하지만 요즘 환갑은 분위기 자체가 다르다. 얼마 전 지인의 환갑에 생일 케이크를 보내고 인증 샷을 부탁했다. 보내온 사진에는 '홈파티에 드레스를 입은 여인들'이 있었다. 이 분들은 이미 시니어가 아니었다.

시니어들을 위한 다양한 생활용품을 온라인으로 판매하는 미국의 '골드 바이올린(Gold Violin)' 인터넷 쇼핑몰은 시니어 비즈니스의 성공 사례로 꼽힌다. 스스로를 '에이징 스타일리스트'로 포지셔닝한 이 쇼핑몰은 차별화된 제품 라인을 갖추고 있다. 보행 보조용 지팡이 제품도 40여 종 이상이다. 이 쇼핑몰이 주목받는 이유는 관점의 차별화다. 지팡이를 고령자나 장애가 있는 사람이 사용하는 보행 보조용 도구가 아닌 구두나 핸드백 같은 패션 액세서리로 포지셔닝한 것이다. 물론 '시니어용'이라는 표현도 사용하지 않는다. 구매력이 높은 시니어를 타깃으로 한다면 포지셔닝의 관점을 바꿔야 한다.

■ 모두를 만족시키고자 한다면 누구도 만족할 수 없다

시장의 경쟁이 치열해지면서 고객의 욕구가 점점 더 구체적으로 변하고 있다. 이럴 때일수록 타깃을 좁혀 집중 공략해야 한다. 요즘 소비자들은 직접 상품을 기획하고 소비한다. 따라서 소비자의 욕구를 얼마나 잘 반영하는지가 시장에서 자리잡는 중요한 요인이 된다. 또한 비슷한 욕구를 가진 고객을 묶어 그들만을 위한 새로운 제안을 할 수 있어야 한다. 고객은 합리적인 사고를 하는 듯하지만 사실은 꼭 그렇지 않다.

고객은 다양한 니즈를 갖고 있고 제품을 통해 이를 누리고자 한다. 제품과 자신을 동일선상에 놓는 것이다. 소비자는 개성 있는 브랜드와 자신의 자아를 동일시하며 만족을 느낀다. 욕망이 충족되면 충성 고객이 되는 것이다. 브랜드 개성이 충성도에 직접적으로 영향을 미치기도 하지만 일반적으로 브랜드와 동일시하는 과정을 거쳐 충성 고객이 된다. '난 스타벅스 마시는 여자' '나 벤츠 타는 남자'라고 말하는 것은, 제품이 가지고 있는 상징적인 원츠에 대한 욕망이 충족된 것이다.

하버드대 제럴드 잘트만 교수는 "말로 표현되는 고객의 니즈는 5%에 불과하다. 95%는 숨겨져 있다"고 했다. 우리는 고객의 마음속에 숨어 있는 95%의 니즈를 파악해야 한다. 고객이 욕구를 느끼기 전에 그들이 무엇을 원할 것인가를 예측해야 한다. 사람들은 자신이 무엇을 원하는지 모르기 때문이다. 그것을 표현하고 보여 줌으로써 '맞아! 이게 필요했어'라고 느끼는 것이다. 고객이 알지 못했던 진정한 욕구를 제품과 서비스에 담아 제공해야 한다.

10~20대를 공략한다면 홍보 채널은 유튜브, 형태는 영상 콘텐츠다. 과거엔 비싼 게 좋은 것이라 생각했다. 하지만 요즘 세대는 모든 사람들을 위한 좋은 재료와 좋은 기술로 만들어진 비싼 제품보다 합리적 가격에 나에게 맞는 제품에 더 가치를 둔다. 밀레니얼 세대들은 '자신에게 어떤 베네피트'가 있는지가 가장 큰 관심사다. 그렇다면 나는 어떤 이점(利點)을 줄 수 있는지 먼저 고민해야 한다.

사람들은 기본 기능에는 별 차이가 없는데도 휴대폰을 매번 새 기종으로 바꾼다. 니즈는 기능적인 필요이고, 원츠는 심리적 욕구이기 때문이다. 이런 원츠의 욕구를 자극한다면 수요와 가격의 제한은 사라진다. 끝없이 넓힐 수 있는 블루오션은 바로 소비자의 원츠에 있다. 개성을 표현하고 싶은 마음이 내재되어 있는 고객에게 나의 제안이 설득력이 있어야 한다. 구체적인 원츠의 실현이 가능하다는 기대감과 확신만 생기면 바로 구매로 이어진다.

14

고객이
나를 선택하는 이유는
따로 있다

천재 병법가 손무가 쓴 《손자병법》에는 "상대를 알고 나를 알면 백 번 싸워도 위태롭지 않다"는 유명한 말이 있다. 경영에서도 적을 알고 나를 알고 고객까지 알 수 있다면 백 번 싸워도 위태롭지 않다. 고객이 나를 혹은 적을 선택하는 이유를 알아야 한다. 나를 선택하게 하려면 '우리 회사, 고객, 경쟁업체'라는 세 가지 관점을 객관적으로 분석할 수 있어야 한다. 그리고 이를 토대로 우리 회사에게 유리한 면과 고객의 선택을 받을 만한 포인트가 무엇인지 알아야 한다.

■ 나의 적은 누구인가?

타깃 고객의 설정은 시장에서의 포지셔닝에 따라 달라진다. 우리는 보통 동종 업계를 적이라 생각하지만 사실 같은 업종이 아닐 수 있다. 비빔밥 전문점을 예로 들어 보자. 작은 매장을 오픈하고 포장과 배달을 전문으로 '건강한 한 끼'를 업의 본질로 삼았다면 이 매장의 적은 누구일까? 같은 상권에 있는 밥집일까? 아니면 비비고일까? 절대

그럴 리가 없다. 고객의 니즈는 배고픔이지만 그것을 해소하는 방법은 환경에 영향을 받는다.

직장인들이 점심시간에 간단히 식사하고 낮잠을 자고 싶은 욕구가 있다면 어떨까? 이때의 적은 패스트푸드다. 내가 차별화해야 할 강점은 '건강한 한 끼'다. 바쁜 직장인들에게 단품 메뉴지만 한 그릇의 비빔밥으로 영양을 골고루 섭취했다는 뿌듯함을 느낄 수 있게 해야 한다.

적을 알아야 그들과의 차별점을 내세울 수 있다. 누구와 싸우는지 알아야 집중공략이 가능하다. 우리가 잘 알고 있는 세계적인 신발 브랜드 '나이키'의 적은 누구일까? 더 이상 나이키의 경쟁 상대는 닌텐도도 아니고 아디다스는 더욱 아니다. 테크놀로지 플랫폼 회사로서 나이키의 적은 누구일까?

과거 닌텐도는 실내에서 다양한 스포츠 경기를 할 수 있는 가정용 게임기를 출시했다. 나이키의 핵심 고객은 실제로 스포츠를 즐기는 젊은 세대들이다. 평소 나이키 운동화를 신고 농구하는 것을 즐기던 학생이 닌텐도 게임에 빠지게 되었다. 이제 농구는커녕 아예 운동화를 신고 집 밖으로 나가는 일조차 꺼리게 된다. 이런 핵심 고객이 가정용 게임을 할수록 실제 운동 시간은 감소한다. 청소년이 닌텐도 게임에 몰두하면 집 밖에서 운동하는 시간이 줄게 되고 매출에 영향을 미친다. 이때만 해도 나이키의 적은 닌텐도였다.

같은 업종 안에서 '시장점유율(Market Share)' 경쟁이 '고객의 시간점유율(Time Share)' 경쟁으로 바뀐 것은 업종 간의 장벽이 무너지면서 생긴 일이다. 이제 나이키는 더 이상 신발 브랜드가 아니다. 나이키의 전 CEO 마크 퍼커도 "나이키는 물리적인 것들과 디지털 세상이 합쳐지는 흥미로운 가능성을 한 단계 발전시키려 한다"고 말했다. 나이키는 고객의 운동 정보를 면밀하게 분석해 더 흥미롭게 기량을 높일 수 있도록 창의적인 시스템을 추가했다. 혼자서 하는 조깅도 항상 새로운 루트를 찾을 수 있도록 도와주고, 게임을 하는 것과 같은 흥미를 유발시킨다.

나이키의 충성 고객은 문화를 접목한 다양한 스타일이나 '한정 수량'이라는 희소성 때문에 더 늘어나는 계기가 되었다. 공동체를 열광하게 만드는 요소는 항상 상위 20%이며, 이는 나머지 80%에 커다란 파급효과를 가져온다. 최근에도 '지드래곤(GD) 스니커즈'가 발매되면서 이슈가 되었다. GD가 전역하자마자 직접 참여한, 그것도 나이키와 함께 만든 운동화라는 점에서 국내뿐 아니라 전 세계 팬들의 관심을 집중시켰다. 나이키는 아티스트와의 다양한 협업으로 한정판 슈즈 시장에서 독보적 우위를 차지하고 있다.

나는 나이키와 GD의 협업에 '그냥 떡'으로 어부지리 효과를 보게 되었다. GD가 같이 협업했던 나이키 팀에게 우리 회사의 대표 메뉴로 만든 답례 떡을 '그냥 떡'이라는 스티커를 붙여서 선물했다. SNS에 올린 사진을 본 GD 팬들에게는 별다를 것 없는 '그냥 떡'이 GD가 선물했다는 이유로 특별해진 것이다. 한동안 우리 매장에 일본 관광객이 몰리는 현상을 보고 마케팅의 힘을 느꼈다.

한 조사에 따르면 사람들이 의사 결정을 할 때 80%는 감성적 이유로, 나머지 20%가 이성적 이유로 제품을 구매한다고 한다. 이성은 결론을 이끌어 내고 감성은 행동을 이끌어 낸다. 감성에 충실할수록 행동에도 적극적이기 때문에 감성을 건드릴 줄 알아야 한다.

이제 우리가 주목해야 할 것은 시장에서의 점유율이 아니라, 이 고객의 마음속에 내 사업의 카테고리가 얼마만큼 비중을 차지하고 있는가다. 그리고 더욱 관심을 가질 수 있도록 가치를 보여 줘야 한다. 그래야만 살아남을 수 있다.

■ 밀레니얼 세대의 이해

현재 카페의 황금 소비 계층은 20대 여성이다. 젊은 여성들이 찾지 않는 매장은 지속적으로 성장하기 어렵다. 카페 외식업 시장의 황금 고객인 젊은 여성들을 어떻게 끌어들일 것인가를 생각해야 한다. 돈을 가족을 위해 써야 한다는 기성세대와는 달리, 감성 세대는 자신을 위한 소비를 한다. 기존 제품에 감성을 넣어 이들을 잡을 수 있는 새로운 비즈니스와 신상품을 개발해야 한다.

우리나라 감성 세대들의 중심을 이루는 연령층은 19~25세 정도의 대학생이나 사회 초년생들이다. 이들의 사고방식, 가치관, 행동양식, 소비습관을 집중 연구하여 반응을 적극 수렴한 업종은 성장세를 타고 있다. 이들은 대부분 개방적이고 여럿이 모여 파티를 좋아하고 일상적인 규범 안에서 벗어나고 싶어 하며 일탈을 꿈꾸기도 한다. 또한 어느 세대보다 아름다움을 추구하고 판타지 영화를 즐긴다. 자기 발전에 대한 욕구도 강하여 자기 계발에도 시간과 노력을 아끼지 않고 도전의식도 강하다.

밀레니얼 세대의 소비는 어떠할까? 이들의 소비 성향과 특징을 아는 것이 중요하다. 이들은 미래에 소비를 주도하게 될 세대다. 이들은 소비할 때 구매 경험, 가치 소비, 경험 공유를 중시한다. 이들은 무엇인가를 힘들여 구매하지 않는다. 퇴근길에 잔뜩 물건을 사서 낑낑거리며 들고 오는 일은 하지 않는다. 그들에게 구매 경험은 훨씬 더 쿨해야 한다. 무엇이든 쉽고 가볍게 내 손에 와 닿아야 한다. 이 세대는 음식 재료를 온라인으로 사는 데 거부감이 없다. 물론 재료의 질이 좋아야 하는 건 기본이다. 심지어 2,000원짜리 미니 화분도 온라인으로 주문한다.

밀레니얼 세대는 손으로 메모하기보다 사진으로 찍는 데 더 익숙하다. 이미 이들의 경험 공유 수단이 동영상으로 확대된 지 오래되었다. 인스타그램에 사진을 찍어 올리는 수준을 넘어선다. 자신들이 물건을 받은 순간부터 포장을 뜯고 사용해 보고 일정기간이 지난 다음 후기까지 동영상으로 촬영한다. 그 긴 과정을 편집하고 온라인상에 올린다. 이들은 그 일을 조금도 수고스럽게 여기지 않는다. 그만큼 자신들의 소비에 의미를 부여하려는 욕망이 크다는 것이다. 감성적 소비를 주로 하기 때문에 이들을 타깃으로 한 새로운 감성 산업이 활기를 띠고 성장하는 것이다.

■ 지속 성장이 가능한 사업이란

바둑을 두면서 진행될 모든 수를 미리 다 예측할 수 없듯이 전략을 한꺼번에 짜놓을 수 없다. 그것은 두뇌의 한계이자 과정상의 한계이기도 하다. 더구나 세상은 너무나 빠르게 변한다. 전략은 집행 과정을 통해 발효하듯 천천히 진화한다고 볼 수 있다. 좀 더 좋은 전략은 있을지언정 완벽한 전략은 있을 수 없다.

업의 본질에 맞는 타깃 고객을 설정하고 그들이 라이프 스타일을 계속 업그레이드할 수 있도록 맞춤화된 상품을 제시하는 형태로 바꾸고 있다. 그들의 욕구와 생활 패턴에 맞는 제품이나 서비스를 제공하는 사업이야말로 지속 가능한 비즈니스가 될 것이다.

요리와 경영을 모두 맡아하는 오너 셰프의 문제점은 눈앞에 놓인 현장에만 몰두한 나머지 전략 짜기를 소홀히 한다는 점이다. 게다가 효과가 금방 나타나는 전술과 달리 전략은 중장기적으로 효과가 나타나기에 간과하기 쉽다. 전략을 짜려면 매장 자체의 특성, 고객, 경쟁 점포와의 관계를 모두 고려해야 한다.

그런데도 많은 사람이 자기 매장에만 신경을 쓴다. 메뉴 개발과 인테리어 등은 처음 잡은 콘셉트에 맞게 유지하면 된다. 더 중요한 것은 고객의 성향과 원하는 바를 꾸준히 조사해야 하고 계속해서 변하는 시장의 흐름을 파악해야 한다.

타깃 고객의 연령이나 소득보다 중요한 것은 그들의 가치관이다. 어떤 라이프 스타일을 영위하는지 그 라이프 스타일이 어떤 행동 양식으로 나타나는지 관찰해야 한다. 소득이 증가하면서 나타나는 획일화된 가치관과 스타일이 아닌 자신만의 개성 있는 라이프 스타일을 지향하는 사람들이 늘어난다. 특정 라이프 스타일을 지향하는 사람들을 대상으로 한 상품, 서비스 개발이 고객들로부터 큰 지지를 얻고 있다. 구체적인 대상이 명확해지면 차별화의 구심점이 된다. 좋은 것을 더 좋아 보이게 만들고, 맛있는 것을 더 맛있어 보이게 하려면 그에 따른 연출이 필요하다.

15

모방의 기술,
고객 입장에서 바라보고
벤치마킹해야 한다

벤치마킹의 정의에는 벤치마킹 활동의 성공을 좌우하는 중요한 키워드가 숨어 있다. 바로 그것이 벤치마킹의 핵심이다. 벤치마킹이 효과를 거두지 못해 실망했다면 방법을 탓하기보다 '핵심'을 잘 인지했는지 살펴보는 것이 중요하다. 대부분의 경우 중요한 포인트는 모두 버려두고 엉뚱한 곳에 집착하는 경우가 많다. 초보 창업자들이 가장 많이 하는 실수가 '나도 저렇게 해야지'라는 단순 모방이다. 벤치마킹은 '점포를 읽는 힘'이라는 점을 기억해야 한다.

■ 활용과 접목

벤치마킹은 맛집이나 내가 원하는 시스템을 갖고 있는 회사를 선정해 강점을 조사하고 분석하는 과정이다. 최고 성과를 보이고 있는 경쟁업체일 수도 있지만 동종 업종이 아니어도 가능하다. 만약 우리 회사가 인터넷 쇼핑몰을 운영하고 있고 물류 부문을 좀 더 강화하고 싶다면 물류 전문업체 시스템과 프로세스를 벤치마킹할 수 있다.

나는 건축박람회나 웨딩페어 관람을 하면서 많은 영감을 얻는다. 그렇게 벤치마킹은 타 업종에서 더 신선한 요소를 찾는 경우가 많다. 업종은 달라도 본질이 같으면 영감과 아이디어를 얻을 수 있다.

잘되는 업소의 겉모양을 그대로 카피하면 아류가 된다. 제대로 된 벤치마킹을 위해서는 목적을 분명히 하고 계획성 있게 접근해야 한다. 단순히 맛집에 갔다고 메뉴와 맛만 볼 것이 아니라 전체적인 운영 시스템을 파악해야 한다. 정리한 내용을 독창적으로 조합하고 새롭게 변화시켜 차별화해야 한다. 벤치마킹으로 업소의 또 다른 경쟁력을 구축한 경영주들의 공통적인 특징은 '벤치마킹 요소에 제한을 두지 않는다'는 것이다. 또한 대박 매장을 그대로 모방하지 않고 새로운 시도와 형태로 업그레이드했다는 점이다.

벤치마킹은 제품이나 서비스에 국한되지 않는다. 오히려 작업 프로세스, 공간 활용 등 다양한 것에서 아이디어를 얻을 수 있다. 물론 보여지는 것이 전부가 아니므로 그 과정을 명확하게 이해해야 지속적으로 접목할 수 있다. 지속성은 모든 경영 혁신의 기본이다. 벤치마킹은 한 번에 끝나는 것이 아니라 지속적으로 쌓아 나가야 한다.

나는 벤치마킹을 주요 업무 중 하나로 분류한다. 끊임없이 변하는 환경을 이해하고 새로운 아이디어를 찾기 위해서는 주기적인 벤치마킹 활동이 필요하다. 이 집이 '왜' 잘 되는지, '어떻게' 내 매장에 조화롭게 적용시킬지에 집중하면 처음에는 보이지 않던 것들이 눈에 띄기 시작한다.

최상의 기업이 가지고 있는 강점을 분석해서 그들의 장점을 내 회사에 접목시켜야 한다. 벤치마킹을 통해 얻은 결과는 '새로운 무엇'으로 바꿔야 한다. 벤치마킹 이전에 고민했던 사항들과 이후의 모방에서 얻은 아이디어가 결합하는 것이다. 각각의 장단점을 파악하고 이를 어떻게 풀어 낼 것인지 고민해야 한다. 이러한 과정이 반복되면 학습이 가능하고 배움에 집중하면 다른 매장의 단점을 장점으로 승화시킬 수 있다.

■ 벤치마킹의 기술

사업 준비에 있어 경쟁사는 어떤 전략과 방법으로 사업을 하는지 장단점을 분석해 보자. 이런 분석을 자기 사업과 연계시켜 나름의 기준으로 재정의해야 한다. 사업의 시작 과정은 규모와 상관없이 비슷한 듯 보이지만 매장 한 개를 할 경우와 여러 개 매장을 계획하는 경우는 시작부터 다르다. 그러므로 내가 하려는 사업의 롤 모델이 될 만한 대상을 찾아 벤치마킹해야 한다. 모방에서 시작하지만 그것을 내 것으로 만들어 다른 결과물을 낳아야 나만의 사업이 가능해진다. 또한 전혀 다른 업종이라도 자신이 필요한 요소를 발견해 경쟁력으로 만들어야 한다.

외식업을 시작하려면 맛집 투어는 필수다. 같은 업종은 물론이고 업종이 다르더라도 배울 것이 많다. 중요한 건 '이거다!' 싶은 아이디어가 있으면 바로 실행하는 것이다. 좋을 것 같아서 실제로 해 봤는데 별로인 경우도 있다.

내가 갈비전문점을 할 때 강원도 여행을 하면서 명태식혜보쌈이 맛있는 집을 갔었다. 명태식혜는 맛도 좋았지만 그 지역 특산물로 만든 이색적인 음식이라는 것에 더 구미가 당겼다. 우리 매장은 일반적인 냉면만 하던 터라 회냉면처럼 명태식혜를 올리면 좋겠다고 생각했다. 그렇게 신메뉴 명태식혜냉면을 만들었다. 결과는 고객의 반응은 좋았으나 매출에 영향을 미치진 않았다.

다른 경우는 황토유황오리집에 갔을 때다. 밑반찬에 우엉을 튀겨 강정처럼 만든 것을 보고 아이디어를 얻어 샐러드에 응용했는데 인기를 끌었다. 특색 있거나 아이디어가 돋보이는 것이 있으면 바로 우리 매장에 적용하고 반응을 살핀다. 이런 감각은 많이 보고 경험하면 저절로 생긴다. 이것이 나만의 노하우가 되는 것이다.

친구들과 밥을 먹을 때나 차를 마실 때도 내 관심은 다른 곳에 가 있는 적이 많다. 물론 항상 좋은 것만 있는 것은 아니다. 아니다 싶거나 아쉬운 점도 어떻게 바꾸면 좋을지 조목조목 메모한다. 철저히 고객이 되어 불편한 것을 찾고 '나라면 어떻게 할까?' 구체적으로 생각하다 보면 답을 찾을 수 있다.

매장을 방문했을 때 메뉴판의 구성이나 POP를 보면 사장의 생각을 읽을 수 있다. '객단가를 올리기 위해 이렇게 했구나.' '고객을 세심하게 배려하는구나, 기가 막힌데!' 싶으면 우리 매장에 어떻게 접목시킬지 즐거운 고민을 하게 된다. 괜찮은 매장은 열 번이고 스무 번이고 간다. 갈 때마다 새로운 것이 보인다. 좋은 책이나 영화도 두 번 세 번 볼 때마다 다르게 느껴지는 것처럼. 어떤 메뉴가 메인이고 사이드 메뉴의 강점은 무엇인지 체크해야 한다. 시그니처 메뉴의 참신함, 세트 메뉴는 어떻게 구성되어 있는지 등을 면밀히 살펴야 한다.

맛집 투어를 갈 때는 주방장과 같이 가기도 하고 지인과 함께 간다. 다양한 사람들의 의견을 모으면 교집합이 생기고 내 생각을 점검할 수 있다. 대박 가게는 그곳만의 노하우가 분명히 있다. 그걸 찾는 것 자체가 공부다. 잘되는 가게의 한끗 다름을 찾아내는 것도 기술이고 연습이 필요하다. 이런 내공이 차곡차곡 쌓이는 어느 날 당신의 매장은 맛집이 되어 있을 것이다. 모방이 창조를 낳는다. 그대로 따라하는 것이 아니라 내 안에 녹여 다른 결과물로 표현하는 것이 핵심이라는 것만 기억하면 된다.

'월마트' 창업자 샘 월튼은 "나는 아이디어가 충만한 사람이 아니다. 내가 한 일의 대부분은 다른 사람을 모방한 것이다." 또한 성공 비결 역시 "난 그저 남을 따라했을 뿐이다"라고 말했다. 아무리 근사한 아이디어도 그것을 처음부터 보기 좋은 형태로 가공하지는 못한다. 그러나 중요한 것은 일단 시작해 보는 것이다. 처음에는 흉내를 내지만 계속하다 보면 자기만의 스타일이 생긴다.

■ 벤치마킹은 자기다움의 완성

프랑스 소설가 마르셀 프루스트는 "진정한 발견의 여정은 새로운 경치를 찾는 것이 아니라 새로운 시각으로 보는 것에 있다"고 했다. 자기만의 해답을 찾고 싶다면 다른 사람의 연구와 경험을 공부하는 것이 시작이다. 그리고 성과를 올린 사람들이 바라보고 있는 방향을 찾는 일이다.

모방은 배우는 것이다. 처음 사업을 시작하는 사람에게 모방은 최고의 전략이다. 혼자의 힘으로 성과를 내지 못하는 것보다 흉내 내며 내 것으로 만들어 가는 것이 쉽고 안전하다.

다른 기업의 운영 방식이나 조직을 보고 시스템과 과정을 배우는 것도 벤치마킹이다. 예를 들어 제조회사라면 제품 발주 시스템과 생산 과정, 업체에 공급하는 절차를 벤치마킹할 수 있다. 요식업은 고객 접대 매뉴얼이나 주문 처리 방식, 직원들의 동선 등도 볼 수 있다. 제품이나 서비스를 비교할 때는 가격, 품질, 서비스 속도 같은 요소를 눈여겨봐야 한다.

나는 주꾸미 전문점을 시작하기 전, 용두동 주꾸미 골목에 있는 식당을 벤치마킹했다. 고객으로 방문해서 다른 고객을 관찰하는 것도 중요한 포인트다. 다른 고객이 주문하는 방법이나 먹는 과정을 보면 그 매장의 벤치마킹할 요소가 보인다. 그리고 주꾸미집 매장 뒤쪽에 버려진 박스를 보고 주꾸미 공급업체를 알게 되어 시중에서 도매로도 납품받을 수 없는 특A급 주꾸미를 공급받을 수 있었다.

메뉴 구성이나 포장 상태 등은 매출과 직결되므로 꼭 확인해야 한다. 같은 매장을 방문하더라도 어떤 부분을 핵심으로 보고 판단하느냐에 따라 달라진다. 필요한 건 타 업소의 경쟁력을 발견하고 좋은 점을 긍정적인 방향으로 흡수시킬 수 있는 오픈 마인드다. 같은 사물과 현상이라도 보는 이의 관점에 따라 전혀 다르게 해석되기 때문이다.

벤치마킹은 그곳만의 차별화된 요소를 알기 위해 가는 것이다. 맛이나 서비스가 형편없어도 손님이 계속 찾는 매장은 그만한 이유가 있다. 그 이유를 찾아내는 것이 벤치마킹의 목적이다. 항상 겸손한 자세로 봐야 보이는 것도 배울 것도 많아진다. 부정적인 시각으로 지적만 한다면 결국 아무것도 얻지 못한다.

메모는 필수다. 눈으로만 보고 오면 그 순간에는 다 아는 것 같아도 돌아서면 아무것도 남지 않게 된다. 아주 작은 것이라도 눈에 띄는 것을 메모하고 정리해야 한다.

또한 다른 매장을 방문할 때는 고객과 경영자 모두의 관점에서 생각해야 한다. 전체 매장을 둘러보면 콘셉트와 생각지도 못한 아이디어를 발견하기도 한다. 각각의 요소를 관찰하고 자신의 매장에 접목할 만한 부분을 취사선택하는 것이 벤치마킹을 잘하는 것이다. 대부분 잘되는 곳은 여러 가지 요소가 어우러져 시너지를 낸다. 그 매장의 어떤 점에 고객이 열광하는지를 찾아내야 한다.

규모와 상관없이 대부분의 회사들은 어떤 형태로든 경쟁력 확보를 위해 벤치마킹을 한다. 문제는 단순한 모방 수준을 벗어나지 못하는 것에 있다고 본다. 그대로 따라하는 건 벤치마킹이 아니다. 벤치마킹은 창조를 하기 위함이고 자기다움을 찾는 과정이다. 이것이 벤치마킹의 가장 중요한 부분이고 벤치마킹의 본질을 이해하는 핵심이다. 그리고 앞으로 벤치마킹을 하려는 회사들이 가장 고민해야 할 부분이기도 하다.

16

경험을 돈으로 보는 마인드, 사장이 가져야 할 덕목이다

창업하자마자 바로 성공하는 경우는 드물다. 그래서 성공한 외식업 사장들은 사업이 성장하는 동안 맷집을 키우라고 말한다. 내가 쏟아부은 열정과 노력의 결과는 '평균 시간'이 지나야 모습을 드러낸다. 혼신의 힘을 다해도 일정 기간 시행착오를 겪어야 궤도에 올라설 수 있는 것이다. 그 시간 동안의 경험을 돈으로 보는 마인드야말로 사장이 가져야 할 덕목이다.

■ 넘어야 할 산

개업을 하고 나면 한 달은 어수선한 상태로 지나가 버린다. 나름 열심히 준비했지만 모르는 것 투성이다. 도와주겠다는 지인들의 정보가 한꺼번에 쏟아져 들어오고 그렇게 3개월간 고군분투하게 된다. 6개월이 지나고 뚜렷한 답이 보이지 않으면 불안해지기 시작한다. 진짜 시작은 이때부터다.

1년이 지나면 또 한 번의 고비가 찾아온다. 너무나 많은 것을 포기했음에도 얻어지는 성과가 적다고 느껴지기 때문이다. 그렇다면 다른 이들이 말하는 '자리를 잡는다는 것'은 무엇일까? 그것은 고된 일상에 적응하기 시작했다는 뜻이다.

대부분 의지를 테스트하는 첫 고비는 개업 후 1년이 되어 가는 시점이다. 처음 생각한 대로 되는 일이 거의 없다. 많은 초보 사장들이 포기하는 시점이다. 이상과 현실의 간격이 너무나 크다. 나는 이 고비를 넘기면서 경영서적을 100권 정도 읽었다. 당시에는 물어볼 사람이 없다고 생각했기 때문에 책에서 길을 찾으려 했다. 책을 읽고 내린 결론은 '답은 언제나 현장에 있다'는 것이다.

계획한 대로 결과가 나오지 않는 원인을 본인의 결함에서 찾으려면 용기가 필요하다. 장사가 안 되는 이유를 밖에서 찾기 시작하는 순간 잘못된 선택을 할 수도 있다. 생계의 위협이 될 수 있다고 생각하면 조급해지고 결국 악수를 두게 된다. 실패가 자산이 된다는 말은 나에게서 결함을 찾았을 때 통한다. 나는 제조업 초기에 방향을 잡지 못하고 좌충우돌했다. 자존심이 상해 울면서도 다시 하면 잘할 수 있다는 생각을 할 수 있었던 이유는 단 하나, 그 모든 원인이 내 잘못이고 내 결함임을 받아들이고 인정했기 때문이다.

개업 초기에는 누구나 최선을 다하지만 어떻게 더 잘해야 하는지 답을 찾기가 쉽지 않다. '이렇게 하는 것이 맞나?' 어느 순간 판단 기준이 흔들리기도 한다. 이럴 때 비슷한 업종의 선배들을 찾아가 질문하고 조언을 구한 후 나에게 맞는 방법을 찾아 벤치마킹하는 것이 도움이 된다.

문제는 고민하기 위해 있는 것이 아니라 해결하기 위해 있다. 일본의 누계 납세액 1위인 사이토 히토리는 난처한 상황이 생기는 이유에 대해 "난처한 일은 결코 신이 당신을 골탕 먹이기 위해 일으키는 것이 아니라 문제를 해결하는 과정에서 당신을 성장시키려는 것이다"라고 했다. 시간이 지나고 나서야 공감하게 된 말이다.

■ 성공하기 위해 헌신해야 한다

처음에는 쉬는 날이 없는 것이 당연했다. 나는 일을 좋아하기 때문에 별다른 불만도 없었다. 1년 365일, 하루 24시간 중 일 생각을 하지 않은 적이 없을 정도로 일에 빠져 살았다.

창업을 준비하는 사람 중에 주 52시간만 일하겠다는 사장은 없을 것이다. 하지만 쉬고 싶을 때 쉬고, 놀고 싶을 때 놀 수 있다고 생각하는 사람이 의외로 많다. 막상 개업을 하면 일과 삶이 뒤엉킨다. 워라밸은 다른 세상 얘기가 되는 것이다. 그렇게 몰입하고 헌신을 해야 앞이 보이기 시작한다.

떡집은 명절이 대목이다. 추석을 지내려면 3개월 전부터 전쟁 준비를 한다. 추석 전날까지 포함해서 일주일은 하루 평균 수면 시간이 3시간 미만이다. 백화점은 추석 당일 포함 이틀 휴무지만 아울렛 매장은 추석날만 휴일이라 명절 당일은 24시간을 잤다. 그렇게 추석을 보내고 나면 바로 설 준비를 한다. 설은 신정과 구정 모두 대목이다. 이렇게 두 번의 명절을 보내고 나야 떡집의 1년이 지나간다.

나는 그렇게 7년을 보내고 나서야 '이렇게 사는 게 내가 원하는 삶이었나?'라는 생각이 들었고, 6개월간 성찰의 시간을 가졌다. 의문은 삶의 수준을 결정하지만 질문은 삶 자체를 바꾼다는 말이 있다. 지금은 그렇게 헌신한 시간이 있었기에 현재의 내가 있다고 생각한다.

도망가고 싶은 순간이 왜 없었을까. 그때마다 나를 붙든 건 해내고야 말겠다는 자신과의 약속이었고, 내 한계를 시험하는 일이었다. 나는 사업을 하면서 세 번 컨설팅을 받았다. 모르는 분야는 배워야 했고, 공부를 하면 할수록 모르는 것이 많다는 걸 알게 되었다. 사업을 한다는 것은 그렇게 나 자신을 성장시키고 완성해 나가는 과정이다. 내가 경험한 모든 것을 자산으로 만들기 위해 끊임없이 노력해야 한다. 그렇게 한 단계씩 오르다 보면 불안감이 어느덧 자신감으로 바뀌게 된다.

하버드대를 수석으로 졸업한 펜실베이니아대 심리학과 앤절라 더크워스 교수는 저서 《GRIT》에서 "우리가 어떤 일을 시도했을 때 얼마나 좋은 결과를 얻을지 그 결정권을 쥐고 있는 것은 열망과 열정, 우리의 관심이다"라고 했다. 열정은 발견하고 키우는 것이다. 일에 대한 열정을 발견하는 것은 시작일 뿐 지속적인 노력으로 단계를 밟아 키워야만 성과를 얻을 수 있다는 말이다. 열정이란 씨앗은 헌신과 인내가 결합해야 열매를 맺을 수 있으니 조급함은 버려야 한다.

■ 포기하지 않는 나를 만드는 일

면허증을 따고 운전대를 처음 잡으면 '초보운전'이라는 스티커를 붙인다. 누구나 그 시절이 있었기에 초보운전자를 배려한다. 그런데 초보 딱지를 떼는 기간은 사람마다 다르다. 불안과 두려움을 딛고 매일 꾸준히 운전을 하는 사람은 대개 1년 후쯤 자신감이 생기게 된다. 하지만 몇 번 하다가 무섭다는 이유로 그만둔다면 2년이 걸릴 수도,

평생 운전을 못할 수도 한다. 창업을 하고 자리를 잡는 것도 포기하지 않고 그 자리를 지켜야 가능하다.

누구나 처음은 서툴다. 우리가 기억해야 할 것은 성공한 기업인들도 초보 시절이 있었다는 것이다. 접촉사고가 나기도 하고 때론 전봇대를 들이박을 때도 있지만, 그 시간을 거쳐야 노련한 운전자가 된다. 자리를 잡은 선배들은 본인이 겪은 시행착오를 초보들에게 친절하게 들려준다. 그들의 배려는 큰 힘이 될 것이다. 결국 최고의 스승은 경험이지만. 아는 만큼 들리고 경험한 만큼 깨닫게 된다.

사업도 본인만의 편안한 속도가 있다. 다른 사람의 속도를 따라가려고 하면 바로 문제가 생긴다. 내가 정한 목적지를 향해 속도를 지키고 내비게이션을 보며 가야 안전하게 목적지에 도달할 수 있다. 길을 잃거나 날이 어두워 앞이 잘 안 보이면 '포기'라는 선택을 하고 싶어질 수도 있다. 하지만 길을 잃은 시점에서 포기하면 원점으로 돌아간다는 보장이 없다. 내가 멈춘 그 자리에서 방향을 잡고 다시 출발하는 것이 목적지에 갈 수 있는 가장 빠른 길이다.

미래를 예측한다는 것은 중요하다. 그렇다면 내가 예상한 대로 결과가 어떻게 나오는지 확인할 필요가 있다. 무슨 일을 시작하든 그 시점에서 내가 예측한 결과를 기록하는 것은 나를 알 수 있는 가장 확실한 방법이다. 실제 결과와 나의 예상이 달랐을 경우 스스로 부족한 점이 무엇인지 판단할 수 있다. 그냥 아는 것과 느끼는 것이 다르고, 실행하는 것과 결과를 만들어 내는 것이 다르다. 포기하지 않고 계속 앞으로 나아가게 만드는 힘은 목표에 대한 신념을 가지고 지속적인 자기관리를 할 때 생기는 것이다.

100년 가는 작은 가게

제3장

작은 가게 사장이
반드시 알아야 할
실전 노하우

17

사장이 된다는 것은
모든 일에 책임을 진다는
의미다

사장은 모든 것을 책임지는 사람이다. 장사가 잘 안 돼도 사장 책임, 직원이 잘못을 저지르는 것도 사장 탓이다. 불경기도 사장 책임이라고 하면 좀 억울한 생각이 들지만, 불경기에 대비하지 않았기 때문이다. 책임을 지는 것은 경제적 비용을 감수하는 일이다. 경제적 손해를 감수하지 않으면 그저 책임 회피일 뿐이다.

작은 회사는 사장 혼자서 모든 문제를 99% 결정한다. 사업을 시작하고 '사장이 된다는 것'은 모든 일에 책임을 진다는 의미다. 사장은 자신이 내린 방침을 직원이 수행할 때 그에 따라 발생하는 모든 경제적 손해도 책임질 각오를 해야 한다.

■ 경영에서 결정은 타이밍이다

도전할 것인지 포기할 것인지를 결정할 때 두 가지를 확인한다. 실패했을 때 일어날 최악의 상황이 무엇인지, 그것을 내가 통제할 수 있고 감당이 된다고 판단하면 그 도전은 가치가 있다.

나는 완벽하게 준비되지 않았더라도 일단 시작해 보는 사람에 가깝다. 최악의 상황만 감수할 수 있다고 판단되면 시작하고 본다. 이것은 25년간 사업을 하며 타이밍의 중요성을 깨달아서이기도 하지만, 고민한다고 조건이 달라지지 않는다는 것을 알기 때문이다. 타이밍은 결정의 속도에 좌우된다. '장고 끝에 악수 둔다'는 말이 있다. 적절한 순간에 결정을 내리지 못하고 지체하면 상황은 변하고 다시 원점으로 돌아가는 경우가 많다.

회사의 미래는 사장이 어떠한 결정을 내리느냐에 따라 달라진다. 그렇기에 더욱더 과감하게 결정을 내리지 못하는 경우가 대부분이다. 서둘러 결정을 내렸다가 실패할 것이 두렵기 때문이다. 하지만 올바른 판단을 내리려고 시간을 끌다 보면 결정 속도가 느려지고, 이는 자연스럽게 업무 속도가 지연된다. 일처리 속도가 느려지면 변화에 민첩하게 대응할 수 없다. 사장이 올바른 결정을 내렸다 해도 당시 회사 상황에 올바를 뿐이지 고객의 입장에서는 아닐 수도 있다. 원래 올바르냐 아니냐는 고객이 결정하기 때문이다.

나는 적당하다 싶으면 빠르게 결정하는 데 중점을 두고 일을 추진한다. 작은 회사의 장점이다. 아직 완벽하게 준비되지 않은 상태에서 일단 시작하고 상황에 맞게 대처하면서 새로운 결정을 내린다. 일단 결정하고 중간에 잘못을 깨달으면 그때 수정한다. 빨리 실행할수록 잘못을 깨닫는 시간도 빨라지고 수정도 빨리할 수 있다. 정답과 오답의 확률은 각각 50%다. 고객이 구입해 주면 100% 정답이 되는 것이고 아니면 100% 오답이다. 회사를 경영하다 보면 고민하든 고민하지 않든 결과가 크게 바뀌지 않는 경우가 많다. 올바른 결정은 고민한 시간과 비례하지 않는다.

사업은 형태와 관계없이 가치 교환을 통해 수익을 내는 것이 목표다. 따라서 가치 교환의 상대인 고객에게 자신만의 차별성을 부각시켜야 한다. 이 차별성이야말로 정보가 기반이 된다. 사장의 입장에서 가장 두려운 적은 시대의 변화다. 음악 시장은 과거에 LP로 들었지만 CD로 바뀌었고 이제는 음원으로 노래를 듣는 시대가 되었다. 변화는 우리 회사의 상황을 기다려 주지 않는다.

경영이란 환경에 적응하는 것이다. 사장은 시시각각 변하는 시장과 고객의 니즈를 파악하고 상황을 바꿔 나가야 한다. 동시에 흐름도 예측할 수 있어야 대응이 가능하다. 회사의 생존을 좌우하는 열쇠는 현재 상황에 안주하지 않고 계속 변화하려는 노력이다.

■ 사장의 역할

경영 목표는 크게 10년, 5년, 3년, 1년, 익월 순으로 먼저 틀을 만들고 세부 계획을 잡는다. 만약 10년 후 목표가 지점 100개라면, 5년 차 목표는 30개, 3년차 목표는 10개, 1년차 목표는 3개, 그렇다면 다음 달까지, 지금 당장 해야 할 일이 구체화된다. 목표를 달성하는 과정에서 다음 목표와의 연계성은 지속적인 점검과 수정이 필요하다. 세운 목표에 도달하지 못했을 경우 일련의 과정을 돌아보며 문제점을 찾아내고 분석해야 한다. 직원들이 목표를 달성했다면 그에 상응하는 포상 역시 필수다. 직원 모두 한마음으로 목표를 달성하기 위한 노력을 이끌어 내는 힘이기 때문이다.

목표로 삼은 숫자를 정하면 그 숫자를 달성하기 위해 무엇을 해야 할지가 보인다. 이렇게 역순으로 계획을 세우는 것은 개인의 역량을 키우는 방법으로도 추천할 만하다. 할 수 있는 것과 할 수 없는 것의 선이 그어지고 해야 할 것과 그만두어야 할 것이 분명해진다. 목표는 사장에게나 직원들에게나 꿈을 향한 도전을 뜻한다. 이 꿈을 실현하고 싶다면 꿈에 구체적인 수치를 대입해 보는 것이 좋다. 목표를 정하고 행동하는 사람과 그렇지 않은 사람은 다를 수밖에 없다. 자신의 꿈에 구체적인 수치를 대입한 것을 우리는 계획이라고 말한다.

매장을 운영하면서 사장이 갖추어야 할 네 가지 있다.

첫째, 멀티태스킹, 즉 동시에 여러 가지 일을 하는 능력이 있어야 한다. 사장이 아무것도 할 줄 모르면 직원들을 통솔할 수 없다. 직접 조리를 하지 않더라도 조리 업무 프로세스는 익혀야 한다. 직원들에게 사장은 모르는 게 없는 존재로 인식되어야 한다. 내가 처음 요식업을 시작했을 때도 초보 사장이 겪는 수모를 모두 겪을 수밖에 없었다. 고달프고 힘들어도 처음에는 무조건 몸으로 부딪쳐서 직접 익혀야 휘둘리지 않고 버틸 수 있다.

둘째, 직원들과 원만한 관계를 유지하기 위해서는 '규정'이 필요하다. 예를 들어 지각은 팀워크를 무너뜨리는 행동인데 사장이 이를 봐주기 시작하면 긴장감이 없어진다. 기준을 명확히 제시하고 항상 엄격하게 지켜야 팀 전체를 이끌 수 있다.

셋째, 사장은 직원들에게 모범이 되어야 한다. 자신의 행복이 무엇인지 정확히 알고 그 행복을 위해 목표를 세워 날마다 노력해 나가는 자세, 일 외에도 취미 생활을 하며 충실한 라이프 스타일을 갖고 사는 모습 등이다. 즉 살아가는 방식의 질을 높이는 것도 리더십을 발휘하기 위해 반드시 필요한 요소다.

넷째, 직원들은 일을 하며 배우는 과정에서 자신이 성장하고 있다고 느낄 때 사장을 고마운 존재로 인식한다. 직원들과 충분히 대화하고 일 외의 사생활이나 고민에 대해 터놓고 얘기할 수 있는 신뢰를 쌓는 것이다. 이성이나 진로 문제, 인간관계 등으로 고민하는 직원의 이야기를 들어주고 함께 풀어나간다면 명확한 해결책을 주지 못하더라도 고마운 존재가 될 것이다. 물론 자신의 가치관을 강요하지 않는 선에서 소통해야 하며, 최종적으로는 직원들 스스로 결정하고 행동할 수 있도록 코칭하는 능력이 필요하다.

■ 사장의 원칙

사장은 경영 철학과 목표를 세워야 하고 이를 토대로 직원의 역량을 파악하여 조화롭게 이끌어 나가야 한다. 직원들이 장점을 발휘할 수 있는 자리에 배치하고 단점을 보완하기 위한 업무 분담을 해야 한다. 이렇게 유연하게 대처함으로써 팀워크를 극대화할 수 있다.

업무 효율성을 고려하여 프로세스를 만들고 변수에 따른 위기 대처 시스템도 갖춰야 한다. 또한 구체적인 매출 목표를 잡고 중장기 계획을 기반으로 전략을 세워야 한다. 변화의 중심에서 균형감 있게 사업에 필요한 정보를 정확하게 보는 안목을 길러야 한다.

중국 제나라 때 금을 탐내던 사람이 금은방에 몰래 들어가 금을 훔쳤다. 점포 주인이 그를 붙잡아 "사람들이 모두 보고 있는데도 어째서 남의 금을 훔치느냐?"고 물었다. 그 사람이 대답하기를 "금을 훔칠 때는 아무것도 보이지 않고 금만 보였습니다"라고 했다. 이처럼 눈앞의 이익만 생각하다 보면 주위를 돌아볼 여유마저 잃게 되어 사람이 해서는 안 되는 기본 도리를 저버리게 된다.

어느 한 방향에 매몰되면 전체를 보지 못하고 일을 그르친다. 소용돌이 속에 갇히지 않게 한 걸음 물러나 돌아가는 물길을 봐야 하는 것이다.

GE그룹 잭 웰치 회장은 벤다이어그램으로 자신이 고민하는 문제에 관한 정의와 솔루션을 찾았다고 한다. 벤다이어그램은 집합을 알기 쉽게 여러 가지 도형으로 나타내는 것이다. 나도 계획을 세우거나 뭔가 결정을 내릴 때 이 방법을 자주 사용한다. 서류나 수치상으로 감이 오지 않을 때 노트를 펼치고 원을 그리며 서로의 상관관계를 표시해 보면 한눈에 볼 수 있어 이해하기 쉽다. 머리로 생각하는 바를 도형으로 그려보면 전체를 조망할 수 있고 핵심이 보인다.

성취는 실패의 가능성, 패배의 위험에 맞설 때만 얻을 수 있다고 한다. 사업은 위험을 감수해야 시작할 수 있다. 실패를 하더라도 다음 성공을 향해 나아갈 수 있는 의지가 있어야 한다. 나는 레이 크록의 저서 《사업을 한다는 것》에서 힘을 얻는다.

"밀고 나가라, 세상에 어떤 것도 끈기를 대신할 수 없다. 재능으로는 안 된다. 재능이 있지만 성공하지 못한 사람은 세상에 널렸다. 천재성도 소용없다. 이름값을 못하는 천재가 수두룩하다. 교육으로도 안 된다. 고학력자 낙오자로 가득하다. 전능의 힘을 가진 것은 끈기와 투지뿐이다."

사장의 역할은 조직과 시스템을 만드는 것이다. 나도 처음 사업을 할 때는 그것을 알지 못했다. 시스템을 갖추지 못했기에 혼자 해결하느라 24시간이 부족했고 매일 일에 치여 살았다. 어느 날 친구가 "사업하는 사람에게 가장 많은 게 돈과 시간"이라는 말을 할 때 쓴웃음을 지었던 생각이 난다. 위임을 잘하는 경영자가 시간을 얻게 된다. 그 시간에 사장만이 할 수 있는 일을 해야 회사가 성장할 수 있다.

사업은 결정의 연속이다. 고객 응대부터 직원 채용과 관리까지, 하나에서 열까지 매순간 판단하고 결정해야 한다. 경영의 가장 힘든 부분이지만 가장 중요한 요소다. 결정 장애는 확고한 원칙이 없을 때 일어난다. 혼란을 최소화하고 일사분란하게 움직이려면 원칙을 기반으로 한 매뉴얼이 있어야 한다.

18
라이프 스타일 시대
고객을
집중 분석하라

라이프 스타일 비즈니스란 내가 좋아하는 것을 함께 즐기는 고객들과의 공감에서 시작된다. 나아가 이것을 접해 보지 못한 이들에게 새로운 삶의 방식을 제안할 수 있다. 그들에게 신선하고 긍정적인 충격을 줄 수 있어야 하고, 나의 제안이 매력적으로 느껴져야 한다.

평소에 크게 생각지 않았던 사소한 불편함이 있을 것이다. 당연하게 받아들였던 문제점을 해소할 수 있다면 고객은 기꺼이 나의 제안을 받아들이게 된다. 이것은 고객을 '끌어당김'으로 시작하는 비즈니스 방식이다.

■ 라이프 스타일 시대

소득이 일정 수준을 넘어서면 소비 방식에 변화가 생기고 이에 따른 새로운 비즈니스 모델이 등장한다. 소비자는 남과 똑같은 생활 패턴에서 벗어나 자기만의 개성을 나타낼 수 있는 소비를 찾기 시작한다. 일본 츠타야 서점의 마스다 무네아키 회장은 저서 《지적자본론》

에서 "지금은 상품도 플랫폼도 넘쳐나는 시대"라고 했다. 상품은 용도를 충족하는 정도를 넘어 매우 높은 수준에서 품질이 평준화되었다. 플랫폼도 그 자체로서의 차별성이 매우 작아졌다. 오픈 마켓의 등장은 여러 상점을 한곳에 모아놓고 다양한 상품을 한 번에 비교해서 선택할 수 있게 되었다. 정보와 편리함은 우리가 오픈 마켓을 택해야 할 뚜렷한 이유를 준 것이다.

효율성보다 소비 그 자체를 즐기며 새로운 의미를 부여하는 것은 물질적 풍요로 인한 변화 중 하나다. 고객의 마음을 사로잡아 그들의 삶에 변화를 줄 수 있는 경험을 제안하고 설득하는 것이 핵심이다. 그렇게 하려면 가장 먼저 고객을 관찰하고 그들의 라이프 스타일을 면밀히 파악해야 한다. 고객의 고충점을 알아야 새로운 경험을 제안하는 것이 가능하다. 만족한 소비자가 자신과 같은 문제점이 있는 이들에게 꼭 그곳에 가야 하는 '분명한 이유'를 전파하도록 만들어야 한다.

한국뿐 아니라 세계적으로 책 판매가 줄고 있다. 뿐만 아니라 종이 책에서 전자책으로, 이제는 오디오북이 인기를 끌고 있다. 서점은 책을 파는 것을 넘어 다른 가치를 제공하지 않으면 살아남기 어려워졌다.

내가 좋아하는 '최인아 책방'도 기존 서점과는 다르다. 전직 광고인이 만든 서점답게 책 분류나 추천 방법이 새롭다. 책 표지에 그 책을 추천하는 추천인의 메모가 붙어 있다. 자신의 고민을 알고 그 고민을 해결하기 위해서, 먼저 고민했던 누군가의 도움을 받을 수 있는 것이다. 사람들이 왜 책을 읽는지, 언제 책이 읽고 싶은지 고민한다면 책의 진열 방법이 이렇게 바뀌는 게 당연한 듯하다.

■ 고객에게 집중하자

큰 성과를 이룬 가게를 살펴보면 그곳엔 언제나 고객에 대한 애정이 담겨 있다. 우리가 가진 열정과 기술을 어떻게 고객에게 전달하느냐가 관건이다. 인터넷과 SNS는 소비자 생활뿐 아니라 기업 생태계에도 큰 변화를 가져왔다. 돈을 들여 마케팅을 할 수 없는 작은 회사도 SNS를 통해 얼마든지 효과적인 마케팅을 할 수 있다. 이제는 온라인으로 브랜드를 알리고 고객에게 필요한 정보를 정확하게 전달해야 한다. 또한 오프라인을 통해 브랜드에 대한 소비자들의 이해도와 충성도를 높이는 전략이 함께 진행되어야 한다.

고객이 조금이라도 더 오래 머물게 하려는 전략은 카페에도 적용되고 있다. '나인블럭' 가평점은 카페 안에 의류, 가방, 액세서리 매장이 있다. 고가구 전시 판매와 갤러리도 함께 운영 중이다. 고객의 변화를 감지하고 빠르게 전략을 세워 새로운 시도를 해야 살아남을 수 있다. 결국 비즈니스는 고객에게 선택을 받아야 하고, 그것이 살아남기 위한 첫 번째 관문이다.

아마존은 '정원 용품을 식별하고 추천하는 기술' 특허를 취득했다. 소비자들이 정원 사진을 찍어 보내면 이를 분석해서 적절한 재배식물을 제안하는 서비스다. 재배에 필요한 도구를 추천하는 것은 기본이다. 수확한 농작물 사진을 보내면 이와 관련된 요리 방법을 보내 준다. 추가로 구매할 식재료와 양념, 조리도구 구입 제안까지 뒤따른다. 고객을 집중 분석하고, 라이프 스타일을 관찰함으로써 확장되는 알고리즘의 집합이다.

아마존은 온라인 몰이지만 업의 본질은 다양한 물건을 고객이 접할 수 있도록 하는 것이다. 이것은 아마존이 고객에게 집중한 결과이자 경쟁력의 핵심이다.

■ 고객의 관심을 끌어라

도쿄 키테 쇼핑몰에 있는 '마루노우치 리딩 스타일'은 책을 중심으로 한 편집숍이다. 편집숍이란 한 매장에서 다양한 브랜드 제품을 판매하는 곳이다. '어른들의 지적 호기심과 장난기를 자극한다'는 콘셉트로 평범함을 거부한다.

진열대에 1월 1일부터 12월 31일까지 날짜만 적힌 책이 꽂혀 있는데 책 제목이 없다. 그 날짜에 태어난 작가들의 작품으로 작가만 알 수 있다. 아무 선입견 없이 작품을 마주하기를 바라는 의도라고 한다. 그들이 의도한 지적 호기심과 장난기는 고객에게 충분히 전달되어 새로운 파급 효과를 낳는다.

어떻게 하면 고객에게 나만의 차별점을 표현하고 이야기할 수 있을까? 이 질문의 답을 찾아야 나만의 '자기다움'으로 오래 사랑받을 수 있다. 아무리 좋은 아이디어나 철학이 있어도 표현하지 않으면 빛을 발하지 못한다. 고객에게 무엇을 제공하고 싶은지, 우리 매장이 존재하는 이유를 적극적으로 알리며 고객을 자극해야 한다. 그 근본적인 신념이 전달되어야 고객의 관심을 끌 수 있다.

브랜드는 라이프 스타일을 제안하고, 이를 제품이나 서비스로 표현한다. 소비자들에게 "이렇게 살아보는 건 어때요?"라고 말을 건네며 브랜드를 통해 삶을 보여 준다. 자신의 가치관으로 소비자를 설득하고 충성도를 올릴 수 있게 된 것이다.

이제는 "이런 삶, 행복하겠지?"라고 매력적인 제안을 해야 한다. '루이비통'은 무선 이어폰을 출시했다. 루이비통의 패션 비즈니스에 대한 정의가 '현재 가장 패셔너블하고 트렌디한 무언가를 파는 것'이기 때문이다. 지금은 디지털 시대이고 가장 핫한 제품은 디지털 액세서리다.

"당신의 타깃은 누구인가?"라는 질문에 "25살 직장인 여성"이라는 답이 나온다면 어떨까? 이제는 나이, 성별, 직업 등 일반적인 기준으로 소비자를 구분하던 과거와는 달라졌다. 세대 구분에서 공감 지향의 시대로 바뀌고 있다. 지금 당신이 제안하는 라이프 스타일이 뚜렷하다면 타깃은 10대부터 60대까지 확장될 수 있다. 개인의 취향과 개성이 강해지는 사회로 변하고 있기 때문이다. 당장의 성과보다 '새로운 시도를 할 수 있는 삶'을 제안하는 방식을 선택해야 하는 이유다. 고객 한 사람 한 사람을 만족시킨다고 생각할 때 라이프 스타일 비즈니스는 새로운 기회를 맞게 된다.

일본 '시세이도'는 브랜드 가치관을 전달하기 위해 시세이도만의 공간을 만들었다. 이곳에서 여성들은 독서 모임을 열고, 불교 음식에서 모티브를 딴 건강식을 먹는다. 이처럼 시세이도는 외면만이 아니라 내면을 아름답게 만드는 곳을 제공함으로써 여성 고객들의 충성도를 높이고 있다. 새로운 경험을 통해 소비자들에게 브랜드의 가치를 알리고 감동을 주는 방식이 달라진 것이다.

라이프 스타일이란 본래 개인이나 집단의 삶의 방식을 의미하는 말이다. 2차 세계대전 이후 대량생산에 따른 소비문화 변화의 중요한 단서로 자리매김해 왔다. 최근에 생긴 개념이 아니라는 것이다. 과거는 제품의 이미지로 소비를 촉진시켰다면, 지금의 라이프 스타일은 생활 방식뿐 아니라 인생관, 생활 태도를 아우르는 광범위한 개념으로 해석되고 있다. 인기 연예인을 TV 광고에 등장시키면 순식간에 제품이 팔리는 시대가 아닌 것이다. 이제는 브랜드를 선택하는 순간에도 사람들의 삶의 태도와 가치관이 반영되기 때문이다.

■ '가치'가 최고인 시대

과거에는 꼭 필요한 것만 구입하고 뒤를 이어 갖고 싶은 것을 욕망하는 시대였다. 소득과 생활 수준이 높아진 지금은 모든 선택의 비중을 '가치'에 둔다. 명품을 부러워하던 시대는 지났다. 개성이 강하고 취향이 다양해지면서 오롯이 내가 추구하는 가치에 부합하는, 스토리가 있는 제품을 럭셔리로 해석하고 있다.

가치 기준은 꼭 취향에 따른 물건만을 의미하는 것은 아니다. 누군가에게는 시간이, 또 다른 이에게는 여유로움이나 공간에 가치를 둘 수 있다. 즉 고객이 가치 있다고 생각하는 시간, 여유, 공간, 경험 등의 차별화로 라이프 스타일을 제안할 수 있는 것이다.

우리 매장이 어떤 가치를 중요시하는 고객에게 의미 있는 곳일까? 이제 고민의 방향은 홈페이지를 예쁘게 꾸미는 것이 아님을 이해해야 한다. 경쟁사보다 뭘 더 잘할까를 생각하기 전에, 우리 매장을 가치 있게 생각하는 사람들에게 지속적으로 또 다른 가치를 부여해야 한다.

라이프 스타일이 다양화된 시대에 인지도나 인기가 아니라 나의 라이프 스타일을 기준으로 브랜드를 선택하게 된다. 특히 지금 소비 중심이 된 밀레니얼 세대는 인류 역사상 가장 편견 없는 세대라고 한다.

변화된 가치와 라이프 스타일에 합당한지 여부가 판단 기준이다.

　라이프 스타일 제안은 제품의 홍수 속에서 더욱 빛을 발한다. 고객이 꿈꾸는 삶의 모습을 직접 모아 제안해 주기 때문이다. 라이프 스타일 비즈니스는 고객이 해야 할 생각을 대신 해 줌으로써 고객이 겪는 선택의 딜레마를 해결해 준다. 고객은 자신이 추구하는 라이프 스타일의 제품과 서비스를 정보 탐색에 많은 시간과 노력을 들이지 않고도 보게 되는 것이다. 트렌드를 읽으면 미래가 보이고 미래가 보이면 유리한 고지를 선점할 수 있다.

19

고객은 좋은 제품을 쓰면
누가 시키지 않아도
입소문을 낸다

제품이나 서비스가 마음에 들면 사람들은 주변 사람들에게 알리게 된다. 이는 전혀 부담스럽지 않다. 누가 시켜서 하는 일도 아니다. 소개를 잘하고 있는지 홍보를 제대로 하는지 감시하는 사람이 있는 것도 아니다. 그저 내가 만족하니 주변 사람들도 좋아할 것 같아 추천한다. 이것이 바로 입소문 마케팅 프로세스다.

이것은 광고가 아니므로 고객이 싫어하는 제품에 억지로 좋은 평을 하도록 강요하지 않는다. 사람들이 일상 대화에서 제품이나 서비스에 대한 정보와 의견을 공유하고 있음을 활용했을 뿐이다. 좋아하는 제품을 안겨 주면 누가 시키지 않아도 그 제품에 대한 입소문을 낸다.

■ 입소문의 힘

입소문은 즉각 발생하는 제품도 있고 느리지만 꾸준하게 이어지는 제품도 있다. 새로운 정보를 알게 되거나 특이한 경험을 하자마자 다른 사람에게 알리는 것이 즉각적인 입소문이다. 이에 반해 지속적인 입소문은 몇 주 또는 몇 달 후에 대화에 등장한다. 지난달에 본 영화, 작년에 다녀온 휴양지에 대한 이야기가 지속적인 입소문에 속한다. 두 가지 입소문 모두 중요하지만 제품이나 아이디어마다 유리한 것은 각기 다르다. 영화는 즉각적인 입소문이 유리하다. 영화계는 단시간에 흥행 여부를 판단하므로 영화가 개봉되자마자 인기를 얻지 못하면 얼마 지나지 않아서 다른 영화로 대체된다.

사람들의 입에 오르내릴 수 있는 비결은 무엇일까? 먼저 제품 종류와 입소문의 종류에 어떤 상관관계가 있는지 알아야 한다. 흥미로운 제품은 즉각적인 입소문을 유발한다. 흥미로운 화제는 사람들에게 호감을 주므로 화자에 대한 이미지를 개선하는 효과가 있다. 그러나 흥미로운 제품에 대한 입소문은 시간이 흐르면 지속성이 떨어진다. 그럼 지속적인 입소문을 유지하는 방법은 무엇일까?

감정은 행동을 유발한다. 감정에 따라 웃기도 하고 언성을 높이기도 하고 눈물을 흘리기도 한다. 감정이 움직여야 이야기를 하거나 정보를 공유하고 싶은 욕구를 느낀다. 그래서 통계자료나 정보를 제시하는 것보다 감정을 공략하는 데 초점을 맞추는 것이 좋다. 인간은 사회적 동물이다. 우리는 자신이 아는 정보나 개인 생각을 사람들과 공유하려는 욕구가 있다. 인터넷은 이러한 공유 욕구를 실현하는 공간으로 발전해 가고 있다.

정보의 홍수 속에서 쓸 만한 콘텐츠를 일일이 찾아볼 여유가 있는 사람은 드물다. 그래서 다른 사람들이 무엇을 많이 공유하는지를 먼저 확인한다. 가장 많이 공유한 목록은 여론 형성에 지대한 영향을 미친다.

현재 3,700만 명 이상 회원들이 이용하는 와인 검색 어플 비비노 (VIVINO)는 1,000만 개 이상의 와인, 9억 개 이상의 와인 레이블 스캔 본, 4,500만 개 이상의 와인 리뷰 등 방대한 데이터를 보유하고 있다. 와인에 대한 정보는 와인 레이블을 스캔하면 쉽게 확인할 수 있다. 마셔본 사람들의 후기를 확인할 수 있고 내가 마셨던 와인에 대한 정보도 저장이 가능하다. 전문가가 아닌 이상 와인을 고르기가 쉽지 않다. 평점, 리뷰, 포도 품종, 어울리는 음식까지 확인할 수 있으니 와인을 좋아하는 사람운 누구에게나 정보를 공유하게 되는 것이다.

■ 입소문 프로세스

광고 '파리지앵 러브'를 통해 구글은 단순한 검색 엔진이 아닌 한 사람 인생을 함께하는 수단이라는 감성을 자극한다. 이를 기획한 앤서니 커파로는 모든 기업은 사람들에게 감동을 주어야 성공할 수 있다면서 "사람들은 기업이 이래라 저래라 하는 것을 원하지 않는다. 그들이 원하는 것은 즐거움, 기쁨, 감동이다"라고 했다. 감정을 자극하는 것이야말로 입소문을 퍼트리는 첫걸음이다.

사람들은 실용적이고 유용한 정보를 공유하는 것을 좋아한다. 그리고 실용적인 정보의 가치를 인정하는 데 그치지 않고 이를 적극적으로 공유한다. 공유는 친밀한 인간관계를 만들어 주며, 상대방이 시간과 돈을 아끼거나 기분 좋은 경험을 할 수 있도록 돕는다. 실용적 가치를 공유하는 근본적인 목적은 타인을 도우려는 것이다. 제품이나 서비스에 관심을 가지면 그것을 공유하게 된다. 정보 공유는 관심을 표하는 하나의 방법이다.

목표 고객이 매일 접하는 환경에서 광고 문안을 떠올릴 가능성이 충분한지 살펴야 한다. 입소문의 힘은 라디오 광고보다 두 배, 신문과 잡지보다 일곱 배 더 효과적이라는 연구 결과가 있다. 입소문은 자기 경험을 직접 다른 소비자에게 전달하는 것이다. 그것은 어떤 정보보다 믿을 만하고 강력한 효과가 있다. 타깃 고객이 단골이 되고 충성 고객으로 전환되면 이들은 단지 제품을 구매하는 것에서 끝나지 않는다. 여러 가지 아이디어를 제공하고 제품을 업그레이드하는 역할도 한다.

입소문은 제품이나 서비스에 대해 사람들이 주고받는 커뮤니케이션이다. 충성 고객은 팬이 되고 업계에서 그들을 '빅 마우스'라고 부른다. 빅 마우스는 긍정적이고 강력한 구전효과를 기대할 수 있고 그들의 평가와 이야기는 매우 중요하게 작용한다. 신뢰할 만한 사람이 제품을 추천하고 권유하는 것은 막강한 힘을 가진다. 이들은 다른 사람이 제품을 구매하는 데 기준 역할을 한다. 따라서 초기 핵심 타깃 고객 공략을 통해 단골을 확보하고 그들과 지속적인 관계를 구축할 수 있어야 한다.

브랜드나 제품의 성패에 입소문이 중요한 역할을 하는 것은 모두 알고 있다. 마케팅의 여러 요소 중에서 가장 막강한 힘을 가진 것이 입소문이고 고객 리뷰다. 마켓 내비게이션(Market navigation)의 창업자 조지 실버만은 마케팅의 성공 여부가 '어떤 제품을 살 것인가 결정하는 데 걸리는 시간'이라고 했다. 고객의 결정 시간을 줄이는 확실하고 강력한 방법이 입소문이다. 결정 속도를 높이려면 제품이 주는 장점을 고객의 입장에서 설득해야 한다. 그리고 의사 결정 과정을 쉽게 만들고 고객이 겪는 어려움에 주의를 기울여야 한다.

고객은 시간을 줄여 주고 구입에 과한 에너지를 쏟지 않아도 되는 제품을 선호한다. 선택 과정에서 결정을 하는 시간과 노력을 줄여 주는 전략이 필요하다. 고객이 원하는 제품을 구입하는 데 결코 후회하지 않도록 노력하겠다는 의지를 보여야 한다. 이때 고객은 직감적으로 장삿속인지 아닌지를 판단하기 때문에 객관적인 평가로 제품을 보증하는 역할도 해야 한다. 고객은 쉽게 선택할 수 있게 되면 감사한 마음을 갖게 되고 충성 고객으로 전환된다. 결정 속도를 높이면 입소문으로 이어질 가능성이 높아지는 이유다.

■ 소개 비즈니스

'리퍼럴(referral)'은 가족이나 친구 혹은 주변의 지인으로부터 상품이나 서비스를 추천받거나 보증받는 방식이다. 밀접한 상호관계를 고려할 때 이상적인 비즈니스가 될 수 있다. 리퍼럴은 영업사원을 대신해서 추천자가 상품을 소개하거나 보증하는 방법이다.

미국여자프로농구협회(WNBA) 소속 팀인 클리블랜드 로커스는 시즌 티켓 소유자들을 대상으로 파티를 열어 리퍼럴 마케팅을 실시했다. 그들에게 팀에 관심을 갖고 있는 친지나 주변 사람의 명단을 받아 이들을 대상으로 시즌 티켓을 판매한 것이다.

'암웨이'는 리퍼럴, 즉 소개 비즈니스 모델의 원조다. 지인이나 유명인 등 신뢰할 수 있는 사람의 추천에 의해 구매하는 프로세스다. 성공한 기업의 경우 마케팅 전략의 일환으로 이 리퍼럴을 도입하기도 한다. 페이스북(Facebook)과 에어비앤비(Airbnb), 드롭박스(Dropbox) 등이 이런 추천 방법을 활용하고 있다. 현재 우리나라에는 BNI가 기버스 게인(Givers gain)의 철학을 바탕으로 리퍼럴 비즈니스를 하고 있다.

미국 비즈니스 네트워킹 조직인 BNI(Business Network International)는 성공 모델 중 하나다. 전 세계 9,466개 이상의 챕터와 27만 명 이상의 멤버가 70여 개국에서 활동하고 있다. 2019년 한 해만 BNI 멤버는 1,060만 건이 넘는 사업 소개를 주고받았다. 액수로는 약 16조 원 이상의 비즈니스가 이루어졌다. 한국에서는 2008년 BNI KOREA가 설립되었으며, 2020년 140여 개 전문 분야를 대표하는 1,470여 명의 멤버가 활발히 활동하고 있다.

전 세계 사업가들을 대상으로 한 조사에서 98%가 판매나 고객 확보에서 '소개'가 중요하다고 답했다. 그러나 아이러니하게도 단 3%만이 그런 소개를 만드는 시스템을 갖추고 있다고 한다. 소개가 사업에 중요하다는 것은 모두 알고 있지만 사업의 중요한 부분을 방치하고 있는 셈이다. 고객에게 나를 소개해 준다는 건 기본적인 신뢰가 바탕이 되어야 한다. 리퍼럴 마케팅은 사람들과 장기적인 신뢰 관계를 구축해서 나의 팬을 만드는 방법이다.

20
고객이 최선의 선택을 했다는 만족감이 들어야 매출이 올라간다

제품이나 서비스를 구매할 때 누구나 '이것이 최선의 선택일까?' 하고 고민한다. 빠르게 결정하지 못하는 경우도 많다. 이때 필요한 것이 전문가의 조언이다. 하지만 장삿속이 보인다면 당연히 실패다. 철저하게 고객이 최선의 선택을 했다는 만족감이 들게 해야 한다. 이런 과정을 거쳐 인연을 맺은 고객은 반드시 단골로 이어진다. 그렇기에 고객이 올바른 선택을 했다고 안심시켜 주는 것은 매출로 직결된다.

■ 고객이 선택을 못하는 이유

"인생은 B와 D 사이의 C다"라는 말이 있다. 탄생(Birth)과 죽음(Death) 사이에 선택(Choice)이 있다는 말이다. 셰익스피어의 명작 《햄릿》에 "죽느냐 사느냐 그것이 문제로다"라는 명대사가 있다. 그래서 생겨난 용어가 '햄릿 증후군', 즉 선택 장애다.

'햄릿 증후군'은 선택의 기로에서 결정하지 못하는 사람을 상징하는 말로 결정 장애라고 표현되기도 한다. '결정 장애'는 제품을 구매할 때나 메뉴를 고를 때 생긴다. 살면서 중요한 순간이 아닌 사소한 일상에서 고민하는 사람들이 많아진 것이다.

내가 백화점 매장을 운영할 때 상담 매뉴얼의 필요성을 느낀 이유가 바로 이것이다. 고객의 선택을 쉽고 빠르게 유도하는 방법이 결국 매출로 연결된다. 백화점 매장에서 떡 구매는 선물용인 경우가 많다. 누군가에게 선물을 할 때 가장 큰 고민은 받는 사람이 '기뻐할까?'다. 이런 고객을 상담할 경우, 받는 분의 성별과 연령대를 물어보는 것은 기본이다. 그다음 질문은 예산이다. 세 번째는 어떤 행사 선물인지 확인해야 한다. 마지막으로 언제 전달할지를 체크한다. 식품은 신선도가 생명이기 때문이다. 이렇게 단계적으로 질문하며 선택의 폭을 좁힌다. 고객으로 하여금 올바른 선택을 할 수 있게 유도하는 방법이다.

미국 스워스모어대 사회행동학 배리 슈워츠 교수는 《점심 메뉴 고르기도 어려운 사람들》에서 "선택안이 많으면 소비자는 결정을 내리기 위해 그만큼 더 많이 노력해야 하는 탓에 의욕이 꺾일 수 있다. 그래서 아예 결정을 안 하기로 하고 상품을 구입하지 않는다"고 했다.

메뉴판에 '직원들이 추천하는 메뉴' '이 계절에 꼭 먹어야 하는 메뉴' '화끈하게 매운'과 같이 메뉴를 선택할 만한 이유를 넣는 방법은 아주 효과적이다. 고객이 쉽게 자신의 욕구를 찾을 수 있도록 하는 것이 시간과 에너지를 줄일 수 있는 방법이다.

미국 컬럼비아대 시나 아이엔거와 마크 레퍼 교수팀은 소비자들의 구매 행태를 알아보는 실험을 했다. 대형 마트에 딸기잼 종류를 다르게 진열하고 관찰한 것이다. 24가지 잼을 진열하니 6가지 잼을 진열했을 때보다 월등히 많은 고객이 몰렸다. 하지만 6가지 잼을 진열한 경우 소비자의 30%가 구매했지만, 24가지를 진열하자 단지 3%만이 구매했다. 고객이 더 많은 선택안을 좋아한다는 연구 결과지만 실제 구매로 연결되는 확률은 가짓수가 적었을 때 6배나 높았다. 선택의 폭이 넓어지면 소비자들은 오히려 선택을 포기한다.

■ 질문하고 경청하라

다양한 선택을 할 수 있다는 장점은 선택하기를 어려워하는 고객의 입장에서는 고통이 되기도 한다. 우리는 이렇게 선택을 어려워하고 결정을 망설이는 고객을 위한 배려가 필요하다.

병원에서 의사가 환자를 진찰하듯 우리는 고객의 선택을 돕기 위해 현재 상태를 진단해야 한다. 적절한 질문으로 고객의 욕구와 필요를 파악하고 그에 맞는 제품을 추천해 보라. 업종에 따라 질문 목록을 매뉴얼화하면 직원들도 쉽게 상담할 수 있을 것이다.

질문을 잘하면 고객은 판매자를 신뢰하게 된다. 그래서 상담을 할 때는 팔겠다는 마음은 버려야 한다. 장삿속이 보이면 안 된다는 말이다. 순수하게 고객 입장에서 같이 고민하며 추천한다는 생각으로 시작해야 한다. 제품을 고를 때 특히 선물용인 경우 많은 고민을 한다. '받는 분이 좋아할까?' '격에 맞을까?' 하고.

판매자는 고객 입장에서 보면 전문가다. 전문가답게 고객에게 한 가지씩 질문하며 답변을 경청하고 추천 범위를 좁혀 가야 한다. 즉 고객이 올바른 선택을 했다고 느낄 수 있게 만들어야 한다.

고객의 필요를 확인했다면 상생할 수 있는 제품을 추천한다. 고객과 회사 양쪽에 이익이 되는 제품이나 서비스를 설명하게 되면 자신감 있게 권할 수 있다. 그러려면 비슷한 메뉴들을 일정한 기준으로 분류해야 한다. 메뉴의 범주화 전략은 업종에 따라 다양하게 접근할 수 있다. 가격대별로 분류하는 경우도 있고 용도별, 재료별 분류, 행사 성격에 따른 분류까지 가능하다. 음식점 메뉴도 접근 방식을 바꾼다면 고객의 선택에 대한 고민을 해결해 줄 수 있다.

일본 츠타야 서점은 기존 서점이 쓰는 진열 방식을 버렸다. 새로운 큐레이션 시스템을 도입한 것은 고객의 선택을 돕기 위해서였다. 요식업도 이 같은 방식을 벤치마킹할 수 있다. 고객에게 단순히 '오늘의 메뉴'로 알리는 것은 신선함이 없다. 한 단계 더 나아가 '스트레스는 매운 맛으로 날리자' '어제의 숙취는 시원한 국물로' 이런 제안은 어떨까?

피자전문점 '트래블앤아트 피자'는 여행 테마를 넣어 메뉴를 개발하고 메뉴 이름도 여행지로 재미있게 지었다. 물론 그 지역으로 여행을 다녀온 고객이나 여행을 떠나고 싶은 고객의 마음을 잡을 수 있었다.

■ 빠른 선택을 위한 방법

사람들은 보통 두 가지 선택지에서 빠르게 결정을 내린다. OX 퀴즈를 하듯 같은 범주 안에 있는 제품군을 두 가지씩 추천하는 것이다. 고객은 어떤 결정이든 내릴 수 있지만 결정 기준으로 삼을 만한 명확한 지침이 없어 망설인다. 이럴 때 비슷한 상황의 고객 리뷰를 전달함으로써 설득할 수 있다. 다른 사람의 긍정적인 피드백을 들으면 빨리 이해가 가기 때문이다.

고객이 선택할 때까지 기다려 주는 것은 배려가 아니다. 피크타임에 메뉴판을 보고 '메뉴를 외우는 고객'이 있다면 질문으로 선택을 유도해야 한다. 큰 범위부터 좁혀 나가는 방식은 고객의 빠른 선택을 돕는다.

파스타 매장에서 주문을 받는 매뉴얼은 먼저 밥인지 면인지, 두 번째는 크림인지 토마토인지, 그다음은 해산물인지 고기인지를 선택하게 한다. 이렇게 두 가지 중 하나를 선택하게 하면 고객은 마치 게임을 하듯 쉽게 주문한다. 내가 다른 매장에서 주문하는 방법은 간단하다. "뭐가 맛있어요?" "추천 메뉴가 뭐예요?" 요즘은 자신 있게 대답하는 매장이 많다. 이 질문에 명쾌하게 대답하길 바란다.

다른 관점으로 본다면 고객은 제품 구매를 넘어 자신의 욕구를 충족시켜 줄 '가치'를 찾기 위해 온다. '친구 생일인데 뭘 선물할까?' '오늘은 뭘 먹지?' 이렇게 무엇을 사겠다는 결정을 하지 않고 오는 경우도 많다. 즉석에서 판단하고 구매로 이어지는 것은 '편리와 이익'을 우선시하기 때문이다.

'장사의 신' 마쓰시타 고노스케는 "장사란 고객의 불편한 점을 해소해 주는 대가로 돈을 받는 일"이라고 했다. 우리는 고객에게 "이 제품이 당신이 찾는 가치를 담은 것입니다"라고 자신 있게 말할 수 있어야 한다. "이 집에선 뭐가 맛있어요?"라는 질문에 "다 맛있어요"라는 답은 고객의 선택을 도와주는 것이 아니다.

21
작은 가게는
고객과의 스킨십을 통해
친밀감을 높여야 한다

'단골을 만들겠다'는 생각이 들면 일단 손님을 어떻게 오게 하는지 보다 어떻게 돌아가게 만드는가에 집중해야 한다. 한번 온 손님을 계속해서 다시 오게 만들려면 고객의 머릿속에 각인시킬 그 '무엇'이 있어야 한다. 홍보를 통해 신규 고객이 오더라도 그들이 다시 오지 않는다면 지속적으로 새로운 손님을 개척해야 한다. 단순한 원리지만 손님을 기쁘게 하고 즐거운 기분으로 돌아가게 한다면 그들은 다시 오고 싶어질 것이다.

■ 내가 자주 가는 곳은 어디인가?

다른 매장에서는 어떻게 단골을 만드는지 알 수 있는 방법이 있다. 먼저 내가 단골로 가는 곳을 떠올려 보자. 밥집이나 카페 또는 술집일 수도 있지만, 본인이 그 매장에 자주 가는 이유를 나열해 보자. 단지 집이나 직장과 가까워서 갈 수도 있다. 그런 이유들이 단골을 만드는 기본이 된다는 사실을 알면 좀 더 현실적인 방법이 떠오를 것이다. 혼자 가기 편한 곳이 있고 연인이나 친구와 오붓하게 가고 싶은 곳이 있다. 여러 명이 함께 가기 좋은 곳은 주차 문제가 중요한 요소가 될 수 있다.

파레토 법칙은 여러 가지로 해석된다. 이탈리아 인구 20%가 전체 부의 80%를 가지고 있다는 경제학자 빌프레도 파레토의 논리다. 20%의 원인이 80%의 결과를 가져온다는 말이다. 외식업에서는 이것을 하루 매출 80%를 단골 20%가 올린다고 한다. 2:8의 법칙은 상위 20% 단골손님을 잘 분석하여 마케팅 전략을 짠다면 매출을 늘릴 수 있는 것이다. 백화점에서 VIP 회원을 별도로 관리하는 것도 마찬가지 원리다, 은행의 상위 20% 고객의 수수료 면제, 대기시간 면제와 각종 서비스 제공 등도 그런 이유다.

고객이 식사하고 남긴 음식은 고객이 보내는 중요한 메시지다. 고객이 자주 추가하는 반찬과 남기는 반찬을 파악하는 것도 중요하다. 보다 효율적으로 고객을 만족시키기 위해서는 소소한 메시지에 귀를 기울여야 한다.

고객의 표정과 행동은 가장 간단하고 쉬운 고객 만족도 조사 방법이다. 중요한 것은 고객의 정보를 정확하게 파악해서 개선해 나가는 행동력이다. 아무리 정보가 많아도 행동으로 옮기지 않으면 아무것도 바꿀 수 없고, 고객은 다른 곳으로 발길을 돌려 버린다. 반드시 행동으로 옮겨야 재방문 고객이 늘어난다.

외식업은 다양한 사람들과의 관계 비즈니스다. 고객, 직원, 거래처, 지역 주민들과의 관계가 그것이다. 좋은 관계를 만든다는 건 건강한 삶의 기본 항목이다. 접객이란 상대를 즐겁게 만드는 일이다. 손님과 함께 즐거울 수 있는 곳을 만들어야 나도 직원들도 행복해지는 것이다. 매장에 들어설 때 느껴지는 기운이 모든 것을 대변할 때도 있다. 밥집인데 조도가 너무 낮아 음침한 느낌이 드는 곳이 있는가 하면, 오후 서너 시경 늦은 점심을 먹으로 갔는데 직원들이 누워 있다가 일어나는 곳도 있다. 요식업의 특성상 어쩔 수 없는 환경이라지만 고객의 입장에서 생각해 볼 필요가 있는 부분이다.

결국 장사의 성패는 단골손님이 좌우한다. 맛, 가격, 서비스, 분위기 등이 단골손님 확보에 필요한 요소들이다. 매출이 줄어서 걱정이 된다면 홍보대사 역할을 하는 단골손님의 동향을 잘 살펴봐야 한다. 단골손님은 매출과 직결된다. 감동으로 확보한 단골손님은 자발적으로 입소문을 낸다. 입장을 바꿔 생각해 보면 너무나 당연하다. 발 없는 말이 천리를 간다.

■ 단골이 되는 이유

고객이 매장을 찾아오는 것에는 이유가 있다. 맛이나 분위기뿐 아니라 주인 입장에서 전혀 생각지 못했던 또 다른 이유가 있다. 이게 중요하다. 부담을 주지 않는 선에서 가볍게 질문을 해 보자.

음식점이라면 디저트를 가져와서 '음식이 입에 맞는지' '불편한 것은 없었는지' 등을 물어볼 수 있다. 형식적으로 질문하면 손님도 건성으로 답한다. 이럴 때는 도움을 요청하는 자세로 손님의 의견을 존중하겠다는 마음이 전달되어야 진정성 있는 답변을 들을 수 있다.

고객의 니즈에 맞는 서비스를 제공해야 '이 집 괜찮다' 소리를 들을 수 있다. 그러니 우리 매장에 오는 이유를 알아야 한다. 원하지도 않는 과한 서비스는 오히려 독이 된다. 단골손님이 다른 손님을 데리고 오면 이때가 기회다. "이 집은 이게 맛있어." "여기는 이래서 좋다니까." 이런 메시지들을 흘려들어서는 안 된다. 사장 입장에서 당연하다고 생각하겠지만 이 메시지가 우리 매장의 차별점이고, 내가 다른 고객에게 강하게 어필해야 할 부분이다.

단골손님은 본인이 단골임을 알아 주길 바란다. 그러기에 재방문의 감사함을 반드시 표현해야 한다. 안부를 묻고 친근함을 표시하며 작지만 마음이 담긴 서비스를 제공해 보라. 한번 단골이 되었다고 영원한 단골은 아니다. 지속적으로 공을 들여야 한다. 오히려 단골손님을 소홀히 대하면 다시는 안 오는 불상사로 이어진다. 단골손님을 특별하게 느낀다는 표현 중에 가장 효과적인 것은 시식이나 시음을 부탁하는 것이다. 새 메뉴라면 홍보까지 겸할 수 있으니 일석이조다.

오프라인 매장은 내 가게를 좋아해 주는 손님이 다른 손님을 데려와 주고 그 손님이 또 다른 손님을 데리고 와 준다는 점에서 아주 매력적이다. 한번 온 손님의 마음을 사로잡아 단골로 만들어야 또 다른 단골고객이 생기는 선순환이 된다.

또한 단골들에게 친근감을 표현하고 그들을 다시 오고 싶게 만드는 것이 중요하다. 지역을 기반으로 하는 매장이라면 더욱 고객과의 소통이 중요하다. 자연스럽게 근처에 사는지를 물어볼 수 있고, 이웃이라는 이유로 서비스를 줄 명분도 생긴다. 고객은 당연히 친근한 느낌을 받게 되고 그렇게 한 명씩 단골이 늘어나는 것이다.

■ 단골고객 만들기

사업을 해 보면 '키맨'이 얼마나 중요한지 알게 된다. 외식업에서 키맨은 단체모임의 총무나 회장이다. 이들은 '특별한 대접을 받았다'고 느꼈을 때 충성도가 높아진다. 모임의 성격이나 주기를 체크하고 문자를 보내는 등 별도로 관리해야 한다. 모임에서 임원을 맡는 사람들은 대부분 다른 모임에서도 영향력이 있다.

매장을 운영하다 보면 단골이 계속 바뀌게 된다. 그래서 단골고객 확보는 지속적인 동기 부여가 필수조건이다. 예전에는 음식점에서 단골 만드는 방법으로 할인 이벤트나 적립 쿠폰 등을 많이 사용했다. 물론 지금도 업그레이드된 적립 쿠폰을 사용하는 곳이 많다. 결제를 하면 포인트로 일정 금액을 적립하고 현금처럼 사용하는 것이다.

그러나 이것만으로 단골을 만들 수는 없다. 여러 가지 요소가 합쳐져 재방문을 하게 만드는 것이다. 그중 가장 중요한 것은 고객에 대한 '관심'을 표현하는 일이다. 예를 들어 연애를 할 때 "나는 당신에게 관심 있어요"라고 표현하는 것이 시작인 것과 같다.

'썸을 탄다'는 말이 있다. 좋은 감정으로 서로를 알아가는 과정을 표현하는 말로, 우리는 고객과 썸 타는 사이가 되어야 한다. 이것은 고객이 무엇을 좋아하는지 찾아내어 내가 일방적으로 맞추는 것과는 다르다. 마음이 담긴 서비스를 제공하여 고객이 느낄 수 있게 표현하고 그것을 좋아해 주는 고객과 소통하는 것이다.

나는 절제된 서비스를 좋아한다. 과한 친절은 부담이 되고 적당한 거리 유지가 지속적인 관계 유지에 도움이 된다고 믿는다.

22
유행에 민감하기보다
흐름을 파악하는 것이
중요하다

2020년 현재 팬데믹 현상으로 시대가 급변하고 있다. 오프라인에서 진행되던 많은 것들이 일시 중지되고 다른 형태로 이어지고 있다. 안전한 관계를 유지하기 위해 연결 방식이 진화되고 있는 것이다.

창업할 때 업종 선정에서 가장 중요한 것이 트렌드다. 시대에 뒤처진다면 고객으로부터 외면받는 것은 자명하다. 그렇다고 유행에 민감하게 대응하기보다는 흐름을 파악하는 것이 중요하다.

■ 사회적 거리

10년 전 일본에서 도서관처럼 칸막이가 된 음식점에 들어갔다가 당황한 적이 있다. 우리 일행 넷은 각자 따로 앉아 벽을 보고 우동을 먹으며 '어색함'을 경험했다. 같이 밥먹고 차를 마시는 것으로 소통하고 정을 나누는 것이 우리의 정서다. 하지만 팬데믹을 겪으며 우리나라도 면 대 면을 피하게 되었다.

사회적 거리 유지는 외식업에도 큰 변화를 가져왔다. 2010년도에 접어들며 직장의 회식문화가 줄기 시작했다. 하지만 이제는 회식 자체가 없어져 단체손님을 받던 매장들은 테이블을 교체하기 시작했다. 또한 이제 우리도 벽을 보고 밥을 먹는 것에 익숙해져 간다.

우리 회사는 장례식장과 호텔, 예식장 등 단체로 고객이 모이는 장소에 떡을 납품한다. 코로나-19 이후 매출이 급감할 수밖에 없는 구조다. 예식은 모두 취소되었고, 장례는 치러야 하지만 식사 대접을 할 수 없어 떡 납품이 현저히 감소했다. 차선책으로 식사를 못하고 가는 조문객에게 답례품 떡을 만들어 제안했고, 위기에서 기회를 찾을 수 있었다. 사업을 하다 보면 위기는 언제든 온다. 경기가 침체되고 불황이 연속되어도 기회에 집중하면 답은 항상 있게 마련이다.

2014년 TED 강연에서 빌 게이츠는 "앞으로 몇십 년간 만약 무엇인가 천만 명이 넘는 사람들을 죽인다면 그것은 아마도 전쟁이 아니라 매우 전염성이 강한 바이러스일 것이다"라고 말했다.

전염병을 멈출 시스템보다 핵 억제력에 막대한 투자를 한 것이 이유라는 말에 공감한다. 여기서 빌 게이츠는 다음 전염병에 대한 준비가 되고 있지 않다는 점을 지적하며, 준비하는 데 실패하면 에볼라보다 더욱 파괴적인 전염병이 생길 것을 예상했다. 지금의 팬데믹은 예견된 미래였던 것이다.

앞으로 외식업의 방향은 타인과의 접촉과 대면을 기피하는 고객들의 요구에 그들의 본질적인 욕망을 얹어 서비스해야 한다. 지금의 혼란은 질서를 찾게 될 것이고 그렇게 자리잡은 질서는 예전과는 전혀 다른 생태계를 이룰 것이다. 1인가구의 확산과 혼밥, 혼술의 유행은 벌써 과거가 되어 버렸다. 이렇게 변하는 트렌드를 직시하지 못한다면 예견된 미래를 대비할 수 없다. 현재 20~30대는 제품 구매나 서비스도 비대면이 편하고 자유롭다고 말한다. 기술적인 측면에서 안전이 보장되면 불필요한 대면은 피하는 선택을 하게 될 것이다.

코로나-19의 확산으로 내가 운영 중인 카페는 매출의 80% 이상을 배달에 의존한다. 배송 메모란에 대부분 '문 앞에 물건을 두고 벨을 누르고 그냥 가셔도 돼요'라고 적혀 있다. 배달기사와도 마주치기를 꺼린다. 결국 고객은 안전하게 모든 욕구가 충족되기를 원하는 것이다. 이제는 직접 대면 없이도 살아가는 데 아무 문제가 없는 시대가 되었다. 오히려 밀레니얼 세대들은 이 현상을 자연스럽고 당연하게 받아들인다. 타깃 고객을 설정했다면 그들의 문화적 트렌드를 살피고 변화된 욕구를 기반으로 니즈를 파악해야 한다.

■ 현금 거래가 없는 매장

외식업에서 키오스크의 역할은 처음과 다르게 확산되고 있다. 과거에 키오스크의 역할은 사장이 없는 매장에서 현금을 관리하기 위한 도구였다. 지금은 인건비도 절약하고 대면을 최소화하길 원하는 고객의 욕구까지 충족시키기 위함이니 일석이조가 된 것이다.

스타벅스는 60% 이상이 현금 없는 매장으로 운영된다. 한국은행은 '동전 없는 사회'를 추진하며 일상생활에서 동전 사용을 줄이도록 권장한다. 거스름돈을 포인트 등으로 적립함으로써 사회적 비용을 낭비하지 않도록 하는 것이다.

한국은행 보도자료(2020년 1월)를 보면, 현금 없는 사회로의 진행 과정에서의 문제점은 취약 계층의 금융 소외 및 소비 활동 제약, 공적

화폐 유통 시스템 약화 등이다. 아직까지 현금 결제 거부 사례는 많지 않지만 현금 결제 비중이 감소하여 현금 없는 사회로 가고 있는 것이 분명하다.

현금 없는 사회의 장점은 효율성과 투명성이다. 이해관계에 따라 찬반 논란이 있겠지만, 현재의 진화 속도라면 기술적으로 혁신이 거듭되어 새로운 방법이 나오지 않을까 싶다.

현금 없는 사회(cashless society)가 가져올 부작용은 분명히 존재한다. 영국 언론 BBC는 2019년 4월 '현금 없는 사회가 모두에게 이익이 될까?'라는 기사를 통해 "노인들처럼 카드나 디지털 방식의 결제 시스템에 익숙하지 않고 통신 시스템이 제대로 갖추어져 있지 않은 시골 지역의 소규모 상인들에겐 현금 없는 사회가 문제가 될 수 있다"고 지적했다. 연령대가 높을수록 신용카드나 모바일 지급 서비스 등 비현금 지급 결제 수단을 사용하는 비율이 낮다. 고령층을 타깃으로 하는 매장이라면 키오스크를 설치해도 안내하는 직원이 필요한 이유다.

■ 위협 요소에서 기회를 찾는 힘

우리가 통제할 수 없는 위협 요소는 외부에서 온다. 산 넘어 산이라 할 정도로 지속적으로 발생한다. 하지만 이런 변화 속에 혁명이라 불리던 대부분의 현상들은 몇 년이 지나면 일상이 된다. 팬데믹으로 인한 현재의 변화는 점차 고착화될 것이고, 우리는 그 안에서 질서를 찾고 현재 하고 있는 업을 이 현상에 맞게 수정해 나가야 한다.

이번 사태로 미국의 스타벅스는 모든 매장을 임시 휴점했다. 단지 드라이브 스루 매장만 운영했는데 매출이 급상승했다고 한다. 이러한 사회 현상으로 일과 삶의 방식이 바뀐다는 것은 고객의 라이프 스타일이 변하는 것을 의미한다. 대기업에서의 재택근무 도입은 업무 방식의 변화로 이어진다. 이렇게 고객의 동선에 변화가 생김으로써 오피스 상권의 오프라인 매장을 운영하던 외식업은 타격을 입었다.

변화에는 변화로 대응해야 한다. 그동안 지역 상권에서 직장인을 대상으로 매장을 운영했다면 이제는 타깃 설정을 달리 해야 한다. 온라인 홍보는 필수가 되었고, 메뉴의 전문성은 더욱 중요해졌다.

일본에는 차에 탄 채 조문을 마칠 수 있는 드라이브 스루 장례식장이 있다. 노약자나 장애인 등 이동이 불편한 사람들의 니즈를 반영한 것인데, "남에게 피해를 주지 않으려 장례식장에 가지 않았다"는 고령자의 말을 듣고 이 방식을 도입했다고 한다.

드라이브 스루 장례식을 이용하면 조문 시간을 단축할 수 있어 바쁜 직장인에게 편리할 수 있다. 이 새로운 방식이 자리를 잡을 때까지 다소 시간이 걸리겠지만 합리적 대안이라고 생각한다. 장례 문화가 바뀐다는 것은 우리 회사처럼 장례식장을 상대로 B2B 영업을 하는 업체들도 변화에 대응할 준비를 해야 한다는 뜻이다.

뭐든 처음이 어렵다. 안전하고 편리함을 경험하고 나면 예전 방식은 잊혀지게 마련이다. 온라인에서 장 보는 것이 당연해지고 원하면 무엇이든 집 앞까지 배달해 준다. 배달 앱 업계 매출은 2015년 대비 2020년 현재 7배가량 지속적으로 상승했다. 통계청이 발표한 온라인 쇼핑 동향을 보면 거래액이 9조가 넘어 전년대비 84.6% 상승했다. 외식업계에 다수의 오프라인 매장들이 배달 서비스를 도입했고 코로나-19의 이슈와 맞물리며 시장을 성장시킨 것이다.

23
경험경제와 구독경제는
선택이 아니라
필수 사항이다

매출을 높이고 더 성장하고 싶다면 지금과 같은 방법과 사고방식으로는 쉽지 않다는 것을 먼저 깨달아야 한다. 변화를 꾀하려면 지금까지의 상식을 버리고 업계의 비상식, 즉 다른 업계의 성공사례를 차곡차곡 수집해야 한다. 그리고 그것을 우리 업계에서 최초로 실행해 보는 것이다. 즉 서비스업의 경우 제조업의 상식을 가져오고, 제조업의 경우 엔터테인먼트에서 성과를 내는 방식을 채용해 보자. 경쟁사와 같은 것을 해서는 차별을 둘 수 없다. 시장에서 자리매김하려면 새로운 도전을 해야 한다.

■ 경험경제

대량생산 경제 환경에서 소비자는 생산자가 누구인지 알 필요가 없었다. 값이 싸면 그것으로 충분했다. 소비자는 브랜드 시장에서 형성된 브랜드 가치에 맞는 가격을 지불하면 그만이다. 상품의 브랜드가 자신의 사회적 위치를 알려 주기 때문이다.

앞으로 우리가 주목해야 할 것은 경험경제다. 경험경제란 소비자와 생산자가 상품이나 서비스의 가치에 나타내는 공감을 뜻한다. 소비자의 공감을 이끌어 내기 위해 생산자의 진정성이 필요한 시대가 되었다. 제품이 만들어진 이유나 제품을 생산하는 방법에 대한 솔직한 이야기, 즉 상품에 스토리가 필요하게 된 것이다. 시장에서는 더 이상 고급이나 신속, 청결, 친절만으로 경쟁할 수 없다.

체험한다는 것은 제품이나 서비스의 이미지만으로 느끼지 못하는 많은 것을 온몸으로 받아들이는 것이다. 경험으로 체득한 정보는 의식과 이성의 영역으로 나뉜다. 오감으로 체험한 것이 경험이란 의식 속에 남는 메커니즘을 이해해야 한다. 과거처럼 고객이 제품의 편익과 가격 때문에 소비하는 게 아니라 이성적으로 설명할 수 없는 감각적이고 감성적인 이유로 소비하기 때문이다. 기능에 대한 자세한 설명보다 한 번의 체험으로 느끼는 것이 더 중요하다는 의미다.

도쿄에 있는 '티파니 콘셉트 스토어'도 제품을 파는 것을 넘어 브랜드를 경험할 수 있는 공간이다. 색상만으로도 여성들의 가슴을 뛰게 한다는 '티파니 블루'로 꾸며진 매장이다. 티파니 보석뿐 아니라 일반 티파니 숍에서는 볼 수 없는 식기, 가방, 지갑 등 다양한 아이템이 있다. 3층 카페에는 티파니 색상의 컵에 담긴 음료를 마시기 위해 사람들이 줄을 선다. 이제 경험경제는 선택이 아닌 필수 사항이다. 제품의 공급을 넘어 소비자와 함께 만들어 간다는 느낌까지 부여해야 한다.

기능이나 가격적인 면은 단순한 설명으로도 고객을 설득할 수 있다. 그러나 상징적인 니즈는 체험이나 스토리를 통해 고객이 느끼게 하는 것이 더 효과적이다. 또 상품이나 서비스를 체험하기 위해서는 고객이 경계심을 풀고 자연스럽게 제품을 접할 수 있어야 한다. 이를 위해 우리는 다양한 방법을 모색해야 한다. 경험은 말로 듣는 것보다 오래 기억되며 당장은 아니더라도 언젠가는 구매로 이어지는 효과가 있다. 또한 제품에 대한 고객의 경험은 브랜드의 이미지로 기억되고 긍정적인 이미지가 쌓이면 이것이 브랜딩의 기본이 된다.

밀레니얼 세대는 버블경제 시대를 살아간 기성세대와는 확연히 다른 소비 행태를 보인다. 자신의 부를 드러내기 위한 사치성 소비도 사라져 간다. 그들은 개성이 강하고 물건이 아닌 경험을 사고 싶어 한다. 가격과 품질이 차별점으로 작용하지 않기에 물건보다 경험을 중요시하고, 경험에서 의미를 찾는다. 그렇게 온라인이 줄 수 없는 차별적인 경험이 가능해야 오프라인 매장이 살아남을 수 있다.

■ 구독경제

동종 업계만 바라보면 절대로 기존 틀에서 벗어날 수 없다. 우리 회사가 도입한 아침식사용 밥알인절미 정기구독은 기존 떡 업계에서는 없던 방식이다. 정기 구독 시스템 도입 후 단기간에 구독자가 500여 명이 되었고 점차 늘어나는 추세다.

신문을 정기 구독하는 것처럼 일정 기간 돈을 내고 콘텐츠나 서비스를 이용하는 방식을 구독경제라고 한다. 멜론 등 음악 스트리밍 서비스가 대표적이다. 월정액 기반 비즈니스 모델은 디지털 콘텐츠 산업에만 국한되지 않는다. 식품, 의류, 완구, 도서 등 다양한 산업 분야로 확산되고 있다. 과거에 이러한 모델이 없던 것은 아니지만 최근에 확산되고 있는 이유가 무엇일까?

'아디다스'는 유명인사가 엄선한 프리미엄 상품들로 구성된 박스를 일년에 네 차례 배송받을 수 있는 구독 서비스 'Avenue A'를 운영하고 있다. 구독경제가 이렇게 전 산업에 도입되고 있는 이유는 안정적인 고객을 확보할 수 있기 때문이다. 월정액 기반 비즈니스 모델은 방송 등 디지털 콘텐츠 산업에 많다. 넷플릭스의 월정액 비즈니스 모델이 대표적이다. 넷플릭스는 초기 DVD 대여, 판매 위주에서 스트리밍 서비스로 사업을 확대했다.

'서브스크립션'으로 불리는 구독 비즈니스 모델은 신문이나 잡지, 우유 배달에서 진화한 업이다. '미미박스'는 소비자들의 욕구를 정확히 반영하여 진입 장벽이 높은 화장품 시장에서 각광받는 브랜드다. 화장품 업체들이 매장에서 공짜로 나눠 주던 샘플들을 모아 소비자의 취향과 상황에 맞게 여러 개 제품으로 구성하여 정기적으로 배송해 주는 서비스 플랫폼이다. 일일이 매장을 방문하지 않고도 다양한 제품을 경험할 수 있게 된 것이다. 커피 두 잔 값으로 내가 필요로 하는 화장품에 대한 새로운 정보를 직접 얻고 체험해 볼 수 있다는 점이 주요 콘셉트다.

구독 모델은 회사 입장에서도 장점이 있다. 가장 큰 장점은 정기적이고 규칙적인 현금 흐름을 확보할 수 있다는 것이다. 고객이 선호하는 상품이나 소비 형태 등의 데이터를 확보할 수 있다는 장점도 있다. 또 고객들과 장기적으로 관계를 유지하면서 개인화된 맞춤 서비스를 제공할 수 있다.

개인 맞춤 서비스는 지속적 구매로 이어져 마케팅 비용도 절감된다. 신규 고객을 유치하는 데 드는 비용이 현재 고객을 유지하는 데

드는 비용보다 6~7배 높다는 걸 감안하면 큰 매력이 아닐 수 없다.

그렇다면 구독경제 모델을 어떻게 도입해야 할까? 핵심은 차별화된 서비스다. 구독경제는 소비자가 가치를 인정해 주는 포인트가 명확해야 한다.

■ 비대면 소비의 급증

2020년 코로나-19 발생 후 외식 고객은 이전에 비해 2/3가 줄었다고 한다. 이제는 호텔 레스토랑도 전통시장도 배달 서비스를 도입하고 있다. 일부 호텔에서는 드라이브 스루로 '시그니처 박스' 메뉴를 픽업할 수 있다. 이렇게 모두 변화에 대응하며 새로운 제안을 하는 것은, 언택트가 더 이상 일시적인 현상이 아님을 의미한다. 환경 변화로 산업 트렌드 역시 바뀌었다. 이제껏 해 온 방식으로는 이 변화에 맞설 수 없게 된 것이다. 준비된 사람만이 기회를 잡을 수 있다.

하버드 경영대학원 전략 담당 바라트 아난드 교수는 저서 《콘텐츠의 미래》에서 "상황을 똑바로 이해하기 위해서는 사소한 것들이 중요한 것들과 어떻게 연결되어 있는지를 이해해야 한다"고 했다. 오늘날 과거에는 생각지 못했던 방법으로 콘텐츠들의 연결이 가능하다. 전통적인 콘텐츠 산업에서 연결 관계를 이해하는 스마트한 제품이 승리를 차지하게 될 거라고 말한다. 냉장고가 불을 끄고 문을 잠그는 일이 가능해진 것을 말하는 것이다. 이렇듯 연결이 가능해지면 상품의 가치를 뛰어넘는 이득이 발생하고 이것은 고스란히 소비자에게 혜택으로 돌아간다.

그렇다면 우리는 무엇을 연결할 수 있을까? 나는 사람과 사람을 연결하는 일을 하고자 한다. 현재 이런 플랫폼은 여러 형태로 생겨나고 활성화되고 있다. 핵심 키워드가 '사람'과 '연결'이라는 것이 공통점이다. 사람과 사람을 연결하고 사람과 정보를 연결한다. 사람과 오프라인 비즈니스와의 연결, 그리고 스마트 환경을 제공하는 사람과 사물의 연결은 인간의 생활 방식과 편의성을 추구하는 욕구에 부합하며 발전하고 있다.

4차 산업혁명시대 기술의 변화로 AI, 로봇이 사람의 일자리를 빼앗을 것을 우려하며 변화는 시작되었다. 그 환경 속에서 일하던 많은 이들이 평생직장을 찾게 되었고, 그것은 외식업 창업 시장이 활기를 띠게 된 이유 중 하나다. 이제 더 이상 우리 경쟁 상대가 주변 매장이 아님을 기억하고, 이 혼돈의 시기에 대응해야 한다.

접촉 없이 소통한다는 것은 불안의 발로다. 소비자의 불안을 해소할 수 있는 나만의 방법을 제안할 수 있다면 이 시기는 기회가 될 것이다.

24
리더의 역할은 좋은 팀워크를 이룰 수 있는 환경을 조성하는 것

《논어》에 '무구비어일인(無求備於一人)'이라는 말이 나온다. 누구한테든 완벽함을 요구하면 안 된다는 뜻이다. 이 세상에 완벽한 사람은 없다. 누구나 장단점이 있고 이것을 보완하며 팀워크를 이뤄야 비로소 시너지 효과를 얻을 수 있다.

사장은 직원 개인의 역량을 파악하고 장점을 잘 살려 적재적소에 인력을 배치해야 한다. 또한 효과적인 업무 분담으로 잘하는 일을 더 잘할 수 있게 만드는 것에 집중해야 한다. 리더의 역할은 좋은 팀워크를 이룰 수 있는 환경을 조성하는 것이다.

■ 팀 리더인 사장의 태도

도리스 컨스 굿윈의 《혼돈의 시대, 리더의 탄생》에는 역대 미국의 위대한 대통령 이야기가 나온다. 링컨은 출마선언에서 "누구나 자기만의 고유한 야망이 있다고 합니다. 저는 동포들에게 진정으로 존경받고, 그들의 존경에 부끄럽지 않은 사람이 되고 싶은 야망이 있을 뿐입니다"라고 했다. 링컨의 야망은 자신만을 위한 것이 아니었던 것이다. 국민으로부터 지속적으로 존경받기 위한 욕망은 결국 국민을 위한 야망이기도 했다. 링컨이 꿈을 이룬 것은 끊임없는 노력과 더불어 본인이 겉으로 보이는 것보다 더 큰 것을 위해 태어났다는 강한 확신이 있었기 때문이다.

조직의 업무 능력을 향상시키는 방법에는 여러 가지 요소가 포함된다. 그중 높은 성과를 내거나 창조적인 일을 할 때 무엇보다 중요한 요소가 팀워크다. 팀 리더인 사장의 역할은 업무를 진행하는 데 필요한 동기나 명확한 목표 설정이다. 달성하고자 하는 목표가 구체적이지 않고 불명확하다면 성과가 나기를 기대해서는 안 된다.

팀워크를 이루는 구성 요소 중 리더십이 우선시되는 이유는 흩어져 있는 개인의 역량을 효율적으로 엮어 주는 역할을 하기 때문이다. 강한 추진력과 솔선수범은 직원들에게 신뢰를 줄 수 있고 팀원 간의 신뢰와 신용이 팀워크를 이루는 근간이 된다.

신뢰의 제일 중요한 요소는 그간의 노력이다. 상호관계에서 발생하는 소소한 약속의 피드백과 배려가 쌓여야 진정한 팀워크를 이룰 수 있는 힘이 생긴다. 이를 뒷받침하기 위해 필요한 것이 원활한 의사소통이다. 작은 회사에서 직원들 간의 의사소통은 사장이 중계 역할을 해야 하는 경우가 많다. 음식점에서도 주방과 홀의 관계는 외줄타기와 같아 사장이 소통 창구 허브 역할을 해야 한다. 팀워크가 좋아지면 적절한 업무 분담으로 개인의 부담을 줄일 수 있고, 서로를 모니터링해 줌으로써 긍정적인 시너지 효과를 보게 된다.

《감성의 리더십》의 저자 다니엘 골먼은 "사람의 뇌에는 열린 고리

(Open Loop)가 있다"고 했다. 누가 신호를 보내면 그 신호에 따라 반응하기 때문에 사사로운 감정은 일의 결과에 지대한 영향을 준다는 것이다. 그는 포춘 선정 500대 기업의 최고 경영진 62명을 연구한 결과 긍정적인 리더일수록 경영 실적이 좋아지는 결과를 얻었다고 한다. 업무 수행에 대한 사장의 부정적인 감성은 결국 사기 저하로 이어지게 된다는 것을 명심해야 한다.

■ 좋은 팀워크란

서비스업에서 초보 사장이 가장 어려움을 겪는 부분은 사람을 다루는 일이다. 때로는 직원을 소모품으로 생각하며 사람에 대한 중요성을 간과하는 경향을 보이기도 한다. 제조업에서도 제품만큼이나 인력 관리가 우선이다.

스타벅스의 마케팅 전략 중 가장 중요한 요소는 사람이다. 커피의 원료나 맛이 아무리 뛰어나도 고객에게 직접 서비스되는 과정에서 문제가 생긴다면 외면하기 때문이다. 제품 품질도 사람이 좌우하고 매장 분위기도 사람으로 인해 바뀌게 된다. 직원들 간 팀워크야말로 고객이 매장에 들어섰을 때 첫인상을 판가름 짓게 한다.

팀워크는 서로 돕는 것이 아니라 자신에게 주어진 역할에 책임감을 갖고 완수할 때 완성된다. 그러므로 팀워크를 위해 포지션별로 개개인의 역할과 책임을 명확하게 구분하는 것이 중요하다. 직원 간의 협력에서 가장 필요한 것은 서로에 대한 배려다. 상대의 장점을 발휘하게 하고 단점은 보완해 주는 관계가 되어야 한다. 또한 사장은 직원들의 장단점을 파악하고 그들이 장점을 더욱 발휘할 수 있는 환경을 만들어 줄 수 있어야 한다.

사장의 역할은 전략을 세우고 체계를 만드는 것이다. 현장에서 상황에 따른 전술도 중요하지만 올바른 전략이 뒷받침되어야 한다. 전략과 전술을 야구에 비하면, 투수나 타자가 세우는 것은 전술이고 감독이 세우는 것이 전략이다. 하지만 아무리 좋은 전략도 커뮤니케이션이 이루어져야 좋은 결과를 만들 수 있다. 좋은 팀워크를 이루려면 원활한 소통이 기본이다.

플라톤의 《파에톤》에서 소크라테스는 "사람은 다른 사람과 말을 할 때 듣는 사람의 경험에 맞추어 말해야 한다. 예를 들어 목수와 이야기할 때는 목수가 사용하는 말을 써야 한다"고 했다. 엄마가 아이에게 말할 때 아이가 사용하는 언어로 말하는 것과 같은 이치다.

외식산업은 여러 가지 기능을 담고 있다. 식재료를 구입하는 유통업의 기능, 식재료를 조리하는 생산업의 기능, 고객에게 음식을 제공함으로써 만족스럽게 식사할 수 있도록 하는 서비스업의 기능이 그것이다. 이러한 기능이 같은 장소에서 동시에 이루어지기 때문에 일하는 사람들의 팀워크가 매우 중요하다. 최고의 지휘자는 오케스트라 제일 뒤쪽에 비중이 크지 않은 연주자도 본인의 역할에 따라 공연의 성패가 갈린다고 생각하게 만든다. 사장의 리더십이 팀워크를 이루는 기본이다.

직원들의 협력이 중요하지만 항상 같은 사람들과 일하기는 쉽지 않다. 특히 요식업은 이직률이 높아 팀워크를 이루기가 어려운 것이 현실이다. 또한 입장 차이로 빚는 마찰은 평소의 팀워크가 어땠는지 그대로 드러난다. 제품에서 이물질이 나오거나 주문 누락 등 주방의 실수로 인한 고객의 불만은 매장 직원들이 감당해야 할 몫이다. 물론 매장 직원들이 주문을 잘못 받거나 주문서 오류로 혼선이 빚어지는 경우도 비일비재하다. 실수는 누구나 한다. 그러나 그것을 인정하고 서로 긍정적인 에너지로 보듬을 수 있는 것이 팀워크다.

직원들에게 동기를 부여하고 격려하는 것이 목표에 도달하는 열쇠다. 우리 회사에는 '우리가 일하는 8가지 방식'을 정수기 앞, 수납장 등 여러 곳에 붙여 두었다. 이것은 스노우폭스 김승호 회장의 가르침이다. 읽으라는 말을 하지 않아도 눈에 잘 띄는 곳에 붙여 놓고 직원들의 반응을 살폈다. 무심하게 지나다니는 것 같던 그들의 대화 속에 '일에 감정을 담지 말자' '답이 없으면 문제를 바꿔!'라는 말이 들리니 참 감사하다.

★ **우리가 일하는 8가지 방식** ★

1. 회사가 무슨 일을 하는지 알고 있고, 내가 무슨 일을 하는지
   회사가 알게 한다.
2. 먼저 사실을 보고하고 의견은 나중에 말한다.
3. 불평을 하려면 대안도 함께 제시한다.
4. 어떤 일이든 마감이 있고 마감을 넘긴 일은 아무리 잘해도 칭찬이 없다.
5. 서로 사랑할 필요까지는 없다. 그러나 서로 존중하고 일에 감정을 담지 말라.
6. 모든 일은 시스템을 통하여 진행하며 자신만 알고 있고 자신만 할 수 있는
   일을 가지면 항상 그 일만 하거나 도태될 것이다.
7. 문제가 있으면 언제나 답이 있다. 답이 없으면 문제를 바꿔라.
8. 모든 일의 처음은 자세하게, 그런 후엔 단순하게….

100년 가는 작은 가게

제4장

작은 가게 사장으로 자리잡는 법

25
말 한마디,
사소한 행동 하나가
고객을 감동하게 만든다

어떻게 하면 고객이 감동할까? 이건 정말 단순하다. 우리 집에 귀한 손님이 찾아왔을 때 어떻게 해야 손님이 편안하고 기분이 좋아질까를 생각하면 된다. 고객을 상대하는 일은 테크닉이 아니다. 상대를 기쁘게 해 주겠다는 마음이 있는지가 관건이다. 작은 가게일수록 사소한 것까지 신경써야 한다. 간단한 말 한마디, 사소한 행동 하나가 고객을 감동하게 만든다.

■ **내가 감동했던 순간을 떠올려 보자**

흔히 손님 입장이 되어 생각해 보라고 한다. 하지만 손님 입장에서 생각하니까 잘 모를 수 있다. 손님이 아니라 '나'여야 한다. 어떤 가게라면 내가 기분이 좋을까? 그걸 생각하면 자연스럽게 좋은 가게를 만들 수 있다.

나는 카운터 안쪽에 있더라도 내 의식은 항상 손님이 앉아 있는 좌석에 둬야 한다. 내 행동이나 말이 어떻게 보일지, 이 매장에 있는 것이 편안한지를 생각해 보면 된다. 손님 입장에서 보는 것이 아니라 손님이 된 내 입장에서 나를 보는 것이 포인트다.

기업 문화를 분석한 책을 쓴 조셉 미첼리 박사는 "스타벅스에서 감동을 준다는 것은 접촉, 발견, 반응을 의미한다"고 했다. 고객과 대면하면서 이 세 가지 요소에 집중할 때 비로소 진정한 유대가 형성된다. 그러나 생각해 보면 '당신에겐 전혀 관심이 없어요'라는 인상을 주는 사람으로부터 서비스를 받는 경우가 많다.

고객이 기대하는 건 최고의 서비스가 아니다. 그들은 긍정적 관계에서 자신의 요구가 중요하게 여겨지길 바랄 뿐이다. 단지 돈을 지불하는 사람으로 대접받는 걸 좋아하는 고객은 없다. 관계를 맺기 위해서는 고객의 감정에 귀를 기울여야 한다. 감동을 주고 싶다면 오감을 동원하여 고객의 소리를 들어야 하는 것이다.

사고의 유연성을 키워야 하는 이유는 궁극적으로 고객에게 집중하기 위함이다. 세상이 아무리 변해도 변하지 않는 본질이 있다. 그것은 '고객에게 집중하는 것'이다. 단순히 "우리는 다른 매장과 달라요"라고 말한다고 소비자들은 그대로 받아들이지 않는다. 평범하고 다 비슷한 것 같은데 뭔가 느낌이 다른 매장을 경험한 적이 있을 것이다. 평범 속에 비범이 숨어 있는 매장은 갈 때마다 기분이 좋아진다. 딱히 뭐가 좋다고 말할 수 없지만, 그 매장만의 편안함과 좋은 기운은 고객을 끌어당긴다.

내가 자주 가는 동네 맛집은 사장님 얼굴 보기가 힘들다. 항상 주방에 있기 때문이다. 하지만 어떻게 아는지 반갑다는 인사를 밑반찬으로 표현한다. 가끔 "이거 정말 맛있어요" 했던 반찬들로 내 식성을 기억하고 있는 것이다. 엄마가 차려준 밥상 같은 느낌이 든다.

살갑게 인사를 주고받지 않아도 감동을 주는 사장님 덕분에 그 집은 항상 북적인다. 어느 날인가 유심히 보니 주방 안쪽에 거울이 보였다. 열심히 일을 하고 있는 듯하지만 오고가는 손님에게 눈길을 떼지 않았던 것이다.

■ 영혼이 담겨야 감동이 전해진다

소규모 자영업으로 시작한 매장들이 성공하는 이유는 치열한 경쟁 속에서도 독창적인 맛과 서비스를 키워 왔기 때문이다. 남들 하는 대로 무작정 따라갈 것이 아니라 차별화된 아이디어가 필요하다. 고객을 내 매장에 어떻게 오게 할 것인가를 고민하고 어떻게 돌아가게 할 것인지를 염려한다면 분명 성공할 수 있다. 다시 오고 싶은 생각이 들게 하는 매장을 만들기 위해서는 고객의 돌아가는 발걸음에 여운을 남겨야 한다.

만년 적자였던 SAS항공을 단번에 일으킨 얀 칼슨 사장은 〈비즈니스 위크〉와의 인터뷰에서 이렇게 말했다.

"조심하지만 우리도 인간이다 보니 하루에도 수없이 많은 짐을 잃어버렸다가 찾곤 한다. 그런데 우리는 승객의 짐을 찾아 주는 것에 그치지 않고 짐을 잃고 걱정했을 그들의 마음을 충분히 공감하면서 진심 어린 사과를 한다. 그렇게 하면 고객들은 우리에게 등을 돌리는 게 아니라 오히려 우리의 영원한 충성 고객이 된다."

미국의 고객 만족 조사기관인 TARP가 진행한 수많은 연구 결과도 제품이나 서비스에 만족하지 못했던 고객에게 신속하고 적절하게 대응을 잘하면 확실한 충성 고객이 된다는 사실을 증명했다.

서비스는 말로 하는 것이 아니라 마음을 표현하는 것이다. 아무리 정중한 말로 고객을 대해도 마음과 마음이 통하지 않으면 아무 의미가 없다. 영혼이 느껴지지 않기 때문이다. 고객은 영혼이 담긴 서비스를 받았을 때 비로소 감동을 느끼게 된다. 100인 100색인 고객 성향을 모두 맞추기란 쉽지 않지만 이것을 구별하기 위해서 세심한 관찰이 필요하다.

누군가의 말에 귀를 기울인다는 것은 상대방에 대한 존중을 의미한다. 경청의 기술 중에 상대의 눈부처를 보는 것이 있다. 눈부처는 눈동자에 나타난 실루엣을 말하는데, 상대에게 온 정신을 집중하고 바라볼 때 상대의 눈동자에서 나를 발견할 수 있다.

나는 고객의 말을 집중해서 들을 때 고객을 감동시킬 아이디어가 가장 잘 떠오른다. 상담할 때 설명을 잘해야 하는 것은 당연하지만 그래서 더욱 의식적으로 귀 기울이기를 연습해야 한다. 들은 것을 반복해서 말하고 질문해서 얻은 대답을 다시 얘기하는 행동은 상대방의 말을 적극적으로 듣고 있다는 신호다. 머리를 끄덕이거나 하는 표현이 추가된다면 앞에서 보인 신호를 더욱 강하게 보이게 만든다.

작은 매장을 성공으로 이끌기 위해서는 고객을 사로잡는 영혼 있는 서비스를 최우선으로 생각하는 마음가짐이 중요하다. 그렇기 때문에 처음 창업하는 사람이라면 현실적으로 작은 매장으로 시작하기를 권한다.

자영업을 준비하는 창업자들의 공통적인 어려움은 창업 자금 마련과 가게 입지 선정이다. 보통 입지를 설정할 때 사람들의 왕래가 빈번

한 대로변이나 역세권 주변 1층의 대규모 점포를 선호한다. 하지만 이러한 점포를 운영하려면 비싼 보증금과 높은 월세를 지불해야 하는 등 경제적 부담이 따른다. 경험상 이런 부담을 안고 시작한다면 진정성 담긴 서비스로 이어지기가 어렵다.

최근 언론에서 소개된 독특한 가게의 성공 스토리를 살펴보면 공통점이 있다. 입소문이 퍼져 많은 사람이 줄을 서서라도 먹으려는 유명 맛집들은 이면도로나 골목길, 재래시장 한쪽에 위치한 곳이 많다. 매장 입지보다는 고객의 마음을 끌어당길 수 있는 그 가게만의 특별함이 있기 때문이다. 그것은 음식 맛과 함께 고객 감동 서비스가 동반되면 성공할 수 있다는 반증이다. 작은 가게를 성공으로 이끌기 위해서는 바로 고객에게 감동을 주는 방법을 가장 먼저 고민해야 한다.

■ 진정한 의미의 고객 만족

나는 음식점을 할 때부터 디저트에 무한한 공을 들였다. 음식점에서 디저트가 필요한 것은 단순한 입가심이 아니라 감동을 전하기 위해서라고 생각했기 때문이다. 후식은 한 끼 식사의 마무리에서 충분히 감동 포인트가 될 수 있다. 과일이나 식혜 또는 수정과 등이 일반 음식점에서 나오는 후식 종류다. 이런 일반적인 후식도 담음새나 스토리텔링이 더해지면 특별해진다. "요즘 단호박이 달아서 단호박 식혜를 만들어 봤어요. 혹시 단호박이 눈에 좋은 거 아세요?" "여름철 갈증 해소에는 시원한 수박이 최고예요." 이런 말을 곁들이면 디저트가 어찌 특별하지 않을 수 있을까.

고객이 매장에 들어오는 순간부터 나갈 때까지 독특한 차별화 전략으로 그들의 마음을 사로잡아야 한다. 고객에게 기대 이상의 만족감을 주는 세 가지 법칙이 있다.

첫째, 고객을 알아봄으로써 첫인상을 좋게 하는 것이다. 상대를 가장 즐겁게 해 주는 단어는 자신의 이름을 다른 사람이 불러 주었을 때라고 한다. 첫인상이 나쁘면 이를 만회할 기회는 좀처럼 오지 않는다. 고객은 언제나 편안하고 쾌적한 환경을 원하므로 첫인상이 무엇보다 중요하다.

둘째, 매장의 제품이나 서비스를 구입할 때 고객은 가능한 적은 노력과 수고를 들이기를 원한다. 당신이 고객의 빠른 의사 결정에 도움을 줘야 하는 이유다. 고객들은 스스로 결정하는 것을 어려워하는 경향이 있다. 하지만 이것은 철저하게 고객의 견해에 초점을 맞춰야 한다. 고객은 당신의 매장에 어떤 견해를 가지고 있고 그것을 확인받고 싶어 한다. 본인의 선택이 틀리지 않았음을 증명해 줘야 하는 것이다.

셋째, 말없이 침묵하며 기다리는 고객의 시간 한계를 넘지 말아야 한다. 기다리는 시간은 실제보다 4배쯤 길게 느껴진다고 한다. 고객은 존중받기를 원하기에 이 시간 한계를 넘어서면 마음이 상하게 된다. 사람들은 기분 나쁜 경험을 좋았던 경험보다 더 오래 기억한다는 것을 명심해야 한다. 고객과의 거래가 끝나면 당신이 고객에게 제공한 기분 좋은 서비스 덕분에 고객이 당신에게 빚지고 있다는 감정을 느끼도록 해야 한다. 사업을 하는 사람은 늘 고객을 살피고 그들의 입장에서 생각해야 한다는 것을 기억하자.

최근 장기간 지속되고 있는 경기 침체 속에서도 독창적인 아이디어와 운영 시스템을 갖추고 호황을 누리는 업체들이 있다. 소비 위축을 오히려 유리하게 활용하는 역발상 마케팅 전략을 구사하고 있는 것이다. 이를테면 고객층을 공유하고 있는 상생 직군과 협업으로 매출 증대를 도모하는데, 타깃 고객이 같은 상생 직군은 기존 시장에서 더 넓은 의미의 새로운 시장을 개척하는 것이 가능하다.

나는 올해 송파구 일자리정책과에서 진행하는 프로젝트 '송다온'의 멘토를 맡았다. 관내 청년사업가들의 성장을 돕는 역할이다. 우리나라 정부 지원 사업은 대부분 의도는 좋으나 실질적인 성과가 부진하다. '보여 주기' 식에서 끝나는 것이 안타까워 평소 협업으로 사업을 해 온 지인들과 팀을 만들었다. 청년사업자들의 고민을 해결해 줄 수 있는 파워팀 '블루버디'가 결성된 것이다.

블루버디는 청년의 푸른 꿈을 지원하고 함께 서포팅하는 파트너라는 뜻이다. 지역 사회에서 스스로 성장하고자 노력하는 청년사업가들에게 든든하고 힘이 되는 전문가 멘토 집단이다. 멘토들은 각자 자기 분야에서 쌓은 커리어로 사업장의 실태를 다각적으로 분석하고 함께 방법을 찾는다. 대부분 성장 부진의 원인은 한 가지 이유가 아니기 때문에 일시적 홍보만으로 매장을 성공시킬 수 없다. 그렇게 블루버디는 상생 직군과의 협업을 '전문가 그룹 멘토링'으로 방향을 잡은 것이다.

26

고객 불만 노트를
작성하는 것은
아주 좋은 방법이다

결점 없이 완벽하게 고객 서비스를 한다는 것은 현실적으로 어렵다. 대기업도 종종 실수를 한다. 문제는 해결 방법이다. 문제가 발생했을 때 얼마나 신속하게 대응하느냐에 달렸다. 또한 문제의 원인을 찾아 같은 실수를 반복하지 않도록 하는 것이 중요하다.

지속적으로 서비스를 개선해 나간다는 마음을 가져야 한다. 그러기에 고객의 불만에 대응하는 연습이 필요하다. 매뉴얼을 작성하고 체계적인 직원 교육을 해야 하는 이유다. 공들여 쌓은 탑이 한순간 무너지지 않도록 고객의 신뢰를 잃지 않는 노력을 해야 한다

■ 고객의 불만

서비스업에서 고객 불만 사례를 보면 심각한 문제보다 사소하고 일상적인 것에서 시작되는 경우가 많다. 특히 직원들의 미흡한 대처로 문제가 확대되는 경우가 있다. 고객 중에 불만을 표출하는 사람은 4% 정도라고 한다. 나머지 96%는 그냥 두 번 다시 안 오는 것뿐이다.

그런데 문제는 96% 고객이 그런 문제점을 다른 곳에 전파한다는 것이다. 불만이 있는 사람은 평균적으로 그것을 10명 이상에게 전한다고 한다. 긍정적인 면보다 부정적인 여론이 파급력이 더 크다. 오히려 4%의 불만을 제기하는 고객은 그 문제를 잘 해결함으로써 단골이 될 수 있다.

문제를 해결하려면 고객의 이야기를 끝까지 잘 듣는 것이 먼저다. 상황 파악이 바로 되는 사안이라면 잘못을 인정하고 진심으로 사과해야 한다. 책임을 전가하거나 변명하는 것으로 고객 불만을 해소할 수 없다. 확인이 필요한 상황이라도 먼저 고객의 감정에 공감해야 한다. 문제 해결은 그 뒤에 해도 된다. 감정의 근원은 욕구이기 때문에 고객이 불만을 제기하는 것은 욕구를 충족하려는 시도다. 그것을 알면 문제는 의외로 쉽게 해결된다. 진심 어린 사과를 받고 싶은지, 아니면 보상을 원하는 것인지를 판단하려면 고객의 이야기에 귀를 기울여야 알 수 있다.

서비스 업종에서 고객의 불만은 종류도 다양하고 복합적인 경우가 많다. 제품에 문제가 생겨서 찾아가거나 전화를 했는데 직원의 태도나 서비스가 불만족스러우면 불만으로 발전한다. 그렇기 때문에 고객이 불만을 이야기할 때 초기 대응이 관건이다. 고객이 처음 불만을 제기하고 5초 안에 어떻게 대응하느냐에 따라 모든 게 달라진다. 문제가 발생하는 데는 분명히 이유가 있다. 불만의 원인을 빠르게 파악해서 해결한다면 위기를 기회로 변화시킬 수 있다. 고객의 욕구를 확실히 파악하여 이를 수렴하고 대처해야 한다.

■ 문제를 해결하는 방법

문제가 생기기 전에 미리 점검하고 수정하는 것이 우선이지만, 이미 고객이 화가 났다면 효과적으로 수습해야 한다. 자신의 실수가 아니라도 일단 먼저 사과하는 것이 순서다. 매장에서 이런 일이 발생했을 경우 다른 고객에게 들리지 않게 조용한 곳으로 자리를 옮겨 의자에 앉게 한 후 정중하게 사과하고 고객의 이야기를 경청해야 한다. 이때 책임자가 아닌 경우에는 양해를 구하고 문제를 해결할 수 있는 매니저나 사장에게 연락을 취한다.

고객과 서서 이야기하는 것보다 의자에 앉게 되면 진정 효과가 있다. 그리고 고객 이야기를 끝까지 듣는 자세는 기본이다. 이렇게 하다 보면 격한 감정이 점차 가라앉고 해결의 실마리를 찾을 수 있다. 차분하게 앉아서 속에 있는 불만을 모두 털어놓으면 의외로 마음이 진정되기 때문인데, 이때 중요한 것은 공감이다. 논쟁을 하거나 자기 변명이 앞서면 근본적인 해결이 어려워진다. 철저하게 고객 입장을 이해하려는 자세로 불만을 공감해야 한다. 중요한 사항은 노트에 메모하면서 경청한다면 고객의 태도 역시 바뀌게 된다.

원인을 분석하는 과정에서 불만 내용이 오해의 소지가 있을 경우, 이것 역시 매장의 책임이 크다는 것을 알아야 한다. 만일 고객의 착오일 경우라도 충분히 그렇게 생각할 수 있다고 공감할 필요가 있다. 면 대 면이 아닌 전화 통화의 경우는 더욱 조심해야 한다. 전화로 불만을 토로하는 경우는 내용을 메모하여 책임자에게 전달한 후 바로 대처할 수 있게 해야 한다. 이때 시간이 지체되거나 빠르게 대처하지 못하면 호미로 막을 수 있는 일을 가래로도 막지 못하게 된다.

직원의 권한에 따라 처리 방법이 달라질 수 있다. 자체 해결이 안 될 사항이면 책임자에게 보고해야 하는 과정을 고객에게 이해시키고 양해를 구해야 한다. 이런 경우 진행 과정을 자세히 설명하고 최대한 고객 입장에서 해결될 수 있게 돕겠다는 의지를 보임으로써 고객을 진정시킬 수 있다. 책임자도 그 자리에서 바로 해결책을 제시하지 못할 경우라면 문제의 원인을 파악하는 과정을 이해시켜야 한다.

외식업 현장에서 발생하는 불만은 아주 사소한 것에서 시작되는 경우가 많다. 음식이 주문한 순서대로 나오지 않아 생기는 불만은 비일비재하다. 직원 입장에서 별것 아닌 듯하지만 고객의 미묘한 신경을 건드려 불만으로 번지는 불씨가 된다. 그렇게 생겨난 감정은 다른 문제가 하나라도 더 추가되면 한꺼번에 큰 불만으로 터지게 된다. 그런 상황을 방지하려면 사소한 실수라도 즉시 사과하고 용서를 구하는 자세가 필요하다.

내 경험으로는 데일 카네기의 《인간관계론》에 나오는 방법도 효과적이었다.

"만일 우리가 비난받을 일이 있으면 먼저 스스로를 비난하는 편이 낫지 않을까? 자기에게 잘못이 있다는 것을 알면 상대가 할 말을 먼저 해 버리는 것이다. 그렇게 하면 상대는 할 말이 없어진다. 십중팔구 상대는 관대해지고 이쪽의 잘못을 용서하는 태도로 나올 것이다."

물론 고객 입장에 대한 충분한 공감이 있는 상태에서 가능한 일이다. 문제 해결의 실마리는 고객이 이야기하는 불만에만 집중하기보다 그의 원하는 것을 파악하는 것이 더 필요하다.

■ 서비스 개선에 필요한 노력

고객의 불만을 분석해 보면 같은 내용의 불만을 가진 고객이 의외로 많다는 사실을 알게 된다. 한 가지씩이라도 이런 문제점을 완전히 해결하기 위한 대책이 있어야 한다. 불만을 제기하는 고객이 그렇지 않은 고객보다 재방문율이 높다는 조사 결과도 있다. 불만을 제기한 고객은 그 문제가 원활히 해결되었을 경우 서비스에 만족하게 되고, 이를 주변 지인에게 긍정적으로 전하게 된다.

고객의 불만이 접수되고 그 문제가 해결되었다면 처리 결과에 대한 검토와 만족도를 확인해야 한다. 이런 과정을 거치면 같은 불만이 발생하는 것을 미리 방지할 수 있다. 문제가 생겼을 때 원활히 대처하면 고객이 오히려 고마워한다. 이것 역시 고객 감동으로 이어지게 되는 것이다. 문제가 해결된 후 조치된 사항에 만족하는지를 확인하는 것은 재방문을 유도할 수 있는 방법이기도 하다.

고객의 불만을 해결하는 데는 사건 자체도 중요하지만 재발 방지에 유의해야 한다. '고객 불만 노트'를 작성하는 것은 같은 일이 반복되지 않게 하는 아주 좋은 방법이다. 날짜와 사건 내용을 쓰고 문제 해결 프로세스를 정리하는 것이다. 이를 직원들과 공유하고 앞으로의 주의사항을 교육해야 한다. 불만의 발생 원인과 처리 과정, 최종적으로 고객의 피드백까지 정리해서 직원들과 의견을 나눠 보라. 이때 조금만 주의를 기울이면 바로 해결할 수 있는 사안도, 제대로 대처하지 못하면 더 큰 불만을 낳게 된다는 점을 강조한다.

27

성공은 자신과의 약속을
지키는 사람이 누릴 수 있는
최대의 보상이다

한비자의 《외저설(外儲說) 좌상(左上)》에 이런 글이 있다. 아무리 사소한 약속이라도 어기게 되면 모든 관계의 근간이 흔들릴 수 있다는 내용이다.

"명분에 대해 신의를 지키십시오. 명분에 대해 신의를 지키면 신하들은 자기 직분을 지킬 것이고, 선과 악의 기준을 어기지 않을 것이며, 모든 일을 게을리하지 않을 것입니다. 일에 대해 신의를 지킨다면 하늘의 때를 잃지 않을 것이고, 백성들은 본분을 어기지 않을 것입니다. 도의에 대해 신의를 지킨다면 가까이 있는 자들은 힘써 노력하게 되고 멀리하던 자들은 귀의하게 될 것입니다."

■ 고객과의 약속

사업을 시작하면서 처음의 열정과 의지를 꾸준히 유지하기 위해 노력하지만 현실은 그리 쉽지 않다. 세상도 변하고 시장 상황도 바뀌지만 변하지 말아야 할 가장 중요한 것이 있다. 처음 창업 때 세웠던 브랜드 아이덴티티다. 이것은 회사가 나아가야 할 방향이고 고객과의 약속이다. 그럴듯한 미사여구로 지키지도 못할 약속은 처음부터 삼가야 한다.

영업을 시작하면서 고객과의 첫 번째 약속은 내가 제공하는 제품이나 서비스의 품질이다. 추구하는 콘셉트에 맞게 온라인, 오프라인에 갖가지 홍보 문구를 걸게 된다. 여기에는 직간접적인 약속이 포함된다. '국내산' '유기농' 'NO방부제, NO색소' 이 모든 것이 고객과의 약속이자 다짐이다. 이런 약속이 지켜지지 않았을 때 신뢰는 깨지고 돌아올 수 없는 강을 건너는 것이다.

두 번째 약속은 기본 중의 기본인 개점·폐점 시간이다. 휴무일도 '매주 일요일 휴무'라고 정했다면 이것 역시 꼭 지켜야 한다. 지나다가 '24시간 영업' '연중무휴'라는 간판을 보면 '저 집은 아무 때나 가도 되겠구나'라고 생각한다. 그런데 막상 가 보니 문이 닫혀 있는 경우가 있다. '오늘은 쉽니다' '오후 3시부터 5시까지는 쉬는 시간'이라고 붙여 둔 곳도 있다. 사람이 하는 일이니 어쩔 수 없는 상황이 생길 수는 있다. 하지만 '내 가게를 내 맘대로 닫는데 누가 뭐라고 할까'라는 생각은 오산이다.

세 번째는 브랜드 가치를 지키는 것에 대한 약속이다. 고객은 단순히 제품과 서비스만으로 우리 브랜드를 선택하는 것이 아니다. 우리 회사가 추구하는 가치를 공감하고 응원하는 마음까지 들어 있다는 것을 잊으면 안 된다. 내가 응원하던 야구팀이나 연예인 혹은 대기업이 기대를 저버리는 행동을 했을 때 우리가 느끼는 실망은 매우 크다. 실망은 기대와 비례한다.

■ 직원과의 약속

우리에게 주어진 자원 중에 가장 평등하고 공평한 것이 시간이다. 직원에게는 출퇴근 시간을 엄수하라고 하면서 사장이 시간 약속을 어기는 것을 당연시하는 경우가 있다. 직원과의 약속은 사소할수록 꼭 지키는 자세가 필요하다. "사장님은 약속을 칼같이 지킨다"는 말이 오간다면 그 회사는 분명히 성공할 것이다. 지나가는 말이라도, 농담처럼 한 말이라도 입밖에 냈으면 반드시 지켜야 한다. 시간 개념이 없는 사장은 성공할 수 없다. 회의 시간이나 그밖에 사소한 시간 약속도 잘 지켜야 기본적인 신뢰를 쌓을 수 있다.

처음 직원을 채용할 때 기본 근로 조건뿐 아니라 회사의 비전을 공유한다. 회사 비전을 걸고 한 약속에는 직원의 꿈도 포함된다. 회사의 방향과 비전은 직원이 열정을 갖고 일할 수 있는 원동력이 된다. 이것이 직원의 미래에 대한 약속이다. 사장에게는 그 약속을 지켜야 할 책임과 의무가 있다. 직원이 일하면서 미래에 대한 불안을 느끼지 않도록 목표를 세우고 이를 달성하기 위해 동기 부여를 해야 한다.

직원에 대한 복리후생은 반드시 지켜야 할 약속이다. 다같이 노력하는 분위기를 만들려면 포상은 필수다. 매출 목표를 정하고 이를 달성했을 때 기뻐할 수 있는 매력적인 제안을 해야 한다. 이것 역시 꼭 지켜야 할 약속이다. 대기업만 직원 복지를 갖춰야 하는 것이 아니다. 작은 가게에도 직원 복지는 중요하다. 생일이나 기념일을 축하해 주고 근무 중 상해에 대한 대책도 마련해야 한다. 우리 회사는 전 직원에게 4대 보험 외에 상해 시 보장이 가능한 건강보험을 가입한다. 업무 중 사고가 생기는 것에 대한 대비책이고 다치지 않기를 바라는 마음이다.

■ 나 자신과의 약속

목표를 향해 가는 길에 기준이 되는 것은 스스로에게 한 약속이다. 목표를 잃는 것보다 기준이 흔들리는 것이 더 위험한 이유다. 피터 드러커는 "살아가는 동안 완벽은 언제나 나를 피해 갈 테지만, 나는 언제나 완벽을 추구하리라 다짐했다"고 한다. 그가 세계적인 경영 그루가 될 수 있었던 이유는 60년 이상 자신과의 약속을 성실하게 지켰기 때문이다. 피터 드러커는 3년마다 새로운 주제를 정해 통계학, 중세 역사, 일본 미술, 경제학 등 다양한 분야를 공부했는데, 그 결과는 지식의 습득을 넘어 새로운 방법에 대해 개방적인 자세를 가질 수 있었다고 한다.

나 자신과의 약속만큼 깨기 쉬운 것도 없다. 타협하기 쉽기 때문이다. 하기 싫어지는 순간 못할 이유가 수도 없이 떠오른다. 그만큼 자신과의 약속은 지키기 어렵다. 하지만 자신과의 약속을 어기는 사람은 남과의 약속도 쉽게 저버리고 만다. 그럼 자신과의 약속을 잘 지키려면 어떻게 해야 할까. 주기적으로 나를 돌아보는 시간을 갖고 점검해야 한다. 좋은 성과를 낸 일을 피드백하며 스스로를 칭찬하고, 하지 못한 것에 대해서는 반드시 검토가 필요하다.

나는 비전 보드에 '나의 신조'를 붙여 놓고 매일 읽는다. 이것은 나 자신과의 약속이자 내가 추구하는 삶이다. 내가 세운 회사의 목표뿐 아니라 개인적 꿈을 이루기 위해 나 자신과 약속을 한다. 육체적 건강을 위해 매일 운동을 하고, 정신적 건강을 위해 명상 시간을 아침 루틴으로 정했다. 마지막으로 '나의 신조'를 매일 읽는 것은 관계의 건강을 위함이다.

★ 나의 신조 ★

1. 나는 삶을 변화시킬 충분한 힘을 가지고 있다.

2. 나는 항상 배우는 자세로 꾸준히 공부한다.

3. 나는 목표로 향하는 모든 단계를 소중히 한다.

4. 나는 모든 기회를 받아들일 수 있게 마음의 문을 열어 둔다.

5. 나는 매사에 감사하고 사랑의 에너지를 널리 퍼트릴 것이다.

6. 나는 다른 사람의 입장에서 생각하고 판단하지 않는다.

7. 나는 항상 열정적으로 주변사람들의 성장을 도울 것이다.

8. 나는 행동과 언어 그리고 표정을 밝게 할 것이다.

9. 나는 수천, 수만 명에게 기여하는 사람이 될 것이다.

10. 나는 나의 신조를 매일 반복하며 실천할 것이다.

용기 있는 사람만이 약속을 지킬 수 있고, 약속은 곧 습관이 된다. 나 자신과의 약속일지라도 무리하게 잡아서는 곤란하다. 변화를 하려면 먼저 어떤 사람이 되고 싶은지 정하고, 소소한 약속을 잘 지킨다는 것을 스스로에게 증명하면 된다. 자신에 대한 믿음이 있어야 변할 수 있다.

미국 최고의 자기 계발 전문가 제임스 클리어는 "습관을 변화시키는 가장 효율적인 방법은 얻고 싶은 결과가 아니라 되고 싶은 사람에 초점을 맞추는 것이다"라고 말했다. 성공은 자신과의 약속을 지키는 사람이 누릴 수 있는 최대의 보상인 것이다.

28

성장에 반드시 필요한 요소는
기초체력과 열정
그리고 목표 설정이다

사업을 하다 보니 주변에서 상담하러 오는 분이 많다. 대부분 어떤 사업을 해야 돈을 벌 수 있을지 궁금해한다. 그들의 이야기를 듣고 있으면 지금 하고 있는 일에 대한 불만과 미래에 대한 불안이 드러난다. 그럼에도 본인이 사업을 하려는 이유를 진지하게 고민하고 오는 사람은 별로 없다. 미래에 대한 불안은 목표가 없기 때문이다. 지금보다 나은 삶을 살고 싶다면 힘들어도 행동하겠다는 결심부터 해야 한다.

■ 경험보다 중요한 기초체력

나는 유명한 테니스 선수에게 개인 레슨을 받은 적이 있다. 코트를 뛰어다니며 멋지게 게임하는 것을 상상했지만 한 달이 지나고 두 달이 지나도 포핸드(forehand, 라켓을 쥔 팔 방향으로 오는 공을 받아치는 것)만 계속 연습했다. 넉 달이 지나자 슬슬 지루해지기 시작했고, 코치에게 다른 건 언제 배우느냐고 물었다. 코치는 정색을 하며 포핸드도 제대로 못하면서 다른 걸 배울 생각을 하느냐며 핀잔을 줬다.

6개월이 지나 게임을 하고 싶다는 말을 했더니 코치는 백(back)으로 공을 던져 주며 뛰어가서 포핸드로 받아치라고 했다. 30분쯤 지났을까 기진맥진해 코트에 주저앉은 나에게 코치는 "앞으로 1년은 더 포핸드를 연습해야 한다"는 말을 남기고 퇴장했다. 나는 게임을 하기에는 기초체력이 부족했던 것을 몰랐고, 그것을 알고 있던 코치는 포핸드로 체력을 키우기를 요구했던 것이다.

결국 나는 6개월 넘게 포핸드만 배우다가 테니스를 포기했다. 지금 생각해 보면 테니스를 너무 만만하게 생각했던 것도 문제지만 목표에 대한 구체적인 계획 없이 시작한 것이 가장 큰 실수였다.

사업을 시작할 때 필요한 것 중 가장 중요한 것은 몸과 마음의 근력이다. 테니스 게임을 할 때 필요한 여러 가지 스킬은 체력이 안 되면 아무 쓸모가 없는 것과 마찬가지다. 기초체력은 사업에서 필수 항목이다. 사장은 아프면 안 되는 사람이다. 사업은 건강하게 버텨야 성공할 수 있다. 아니, 성공할 때까지 버티는 것이 사업이라고 말하는 것이 정확하다. 자기 관리가 사업의 핵심이고 그중에 체력은 모든 것의 기본이다. 요식업은 강도 높은 육체노동이 수반된다. 카운터에 앉아 계산만 하면 된다는 생각은 버려야 한다.

음식점 주방에서 초보자가 하는 일은 설거지와 잔심부름 그리고 청소다. 그런데 설거지만 하기로 작정한 사람과 음식점 창업이 목적인 사람은 시야가 다르다. 이 기간이 중요한 이유는 주방의 흐름을 파악하고 각자의 책임과 역할을 알 수 있기 때문이다.

나는 2003년도에 캘리포니아롤 전문점을 시작하며 주방에서 3개월간 일했다. 처음 한 달은 설거지를 하며 주방과 홀의 흐름을 파악했고 바로 만드는 방법을 배우기 시작했다. 주방의 동선이 머릿속에 익으면 홀 서비스도 업그레이드되기 때문이다.

아무리 경험이 많아도 사업에 필요한 근력은 사업을 하기로 작정한 후부터 생기기 시작한다. 사람마다 능력의 차이가 있지만 내 경우엔 2년간의 준비 기간이 있었다. 이 기간은 창업을 꿈꾸는 초보 사장이 꼭 거쳐야 하는 시간이다. 머리로만 아는 것은 실전에서 거의 사용이 불가능하다. 또한 수업료도 이때 내는 것이 가장 저렴하게 든다. 덴마크 속담에 "두 번 물어보는 것이 한 번 길을 잃는 것보다 낫다"는 말이 있다. 소 잃고 외양간을 고치지 않으려면 이 기간 동안 성실하게 준비해야 한다.

■ 성공하려면 성장하고 성숙해야 한다

퓰리처상을 수상한 데이비드 바이스는 저서 《The Google Story》에서 "구글의 고유한 특성은 창업자인 세르게이 브린과 래리 페이지에게서 나온다. 그들은 '불가능을 무시하는 건전한 도전정신'을 항상 마음에 품고 구글을 운영한다"고 했다.

창업자 두 사람은 초기 구글을 성장시키기 위해 학교를 떠나 모험을 했고, 투자자들로부터 외면을 당하기도 했지만 좌절하지 않고 높은 목표를 세웠다. 이들의 열정은 성장 동력이 되었고, 멈추지 않은 도전정신이 오늘의 구글을 만들었다.

요식업은 인간관계가 전부라고 해도 과언이 아니다. 사장과 직원의 관계, 직원들 간의 관계, 고객과의 관계, 거래처와의 관계까지 그중 하나라도 무너지면 성장할 수 없다.

인간관계가 중심이 되는 경영에서 많은 사례로 소개되는 항공사가 있다. 하버드 경영대학원 조디 호퍼 기텔 교수는 저서 《사우스웨스트 방식》에서 사우스웨스트 항공이 강력한 핵심 역량을 갖춘 조직이 될 수 있었던 이유에 대해 소개했다. 그것은 관리자와 직원, 노조 그리고 공급자들 사이에 능률적인 인간관계를 만들어 내고 유지시키는 능력 때문이라고 한다. 이러한 인간관계는 목표를 공유하고 상호 간 신뢰가 기본이 되어야 한다.

아마존은 동종 업계 구글이나 마이크로소프트, 페이스북과 비교해도 PER지수가 10배 가까이 높다. PER지수란 주가와 이익의 비율을 나타내는 말로, 이렇게 PER지수가 높은 이유는 대부분의 수익을 다른 사업에 재투자하기 때문이라고 한다. 《나는 아마존에서 미래를 다녔다》의 저자 박정준 씨는 이것을 농부가 추수하고 나서 딱 먹을 만큼만 먹고 나머지는 더 큰 밭을 사서 계속 새로운 농작물을 심는 것과 같다고 했다. 앞으로 아마존의 성장이 무서우리만큼 기대되는 이유다. 또한 "씨앗은 금방 자라지 않는다"며 실패를 성장의 발판으로 삼는 제프 베조스 회장의 뚝심이 느껴지는 대목이다.

■ **목표 설정**

성장통은 누구나 겪는 과정이다. 그 아픔 속에서 '내가 이 일을 왜 하는지' 본질에 가까운 질문을 하게 된다. 이루고 싶은 목표를 향해 한 발씩 내딛을 때 어느새 성장한 나를 발견하게 되는 것이다.

성공한 기업인들은 목표 설정이 가장 중요하다고 강조한다. 그것은 대부분 본인이 원하는 것에 대한 구체적인 목표가 없기 때문이다. 돈을 많이 벌고 싶다거나 자유롭게 살고 싶다는 것은 목표가 아니다. 그것은 단지 추상적인 희망사항이다.

목표는 구체적이고 누가 봐도 이룬 것을 확인할 수 있게 측정이 가능한 것이어야 한다. 쉬운 듯 보여도 목표를 정하는 것은 꽤나 시간이 걸린다. 올해 목표는 내년 목표를 이루기 위한 과정이고, 내년 목표는 5년 후 목표를 이루기 위해 꼭 넘어야 할 산이 된다. 그렇게 10년 후 목표까지 정했다면, 그리고 그 여정에 올랐다면 자신감에 찬 하루를 보낼 수 있을 것이다. 성장하면 할수록 좀 더 많은 사람에게 기여하고자 하는 마음이 생기고, 그렇게 목표를 이룰 확률은 더 높아진다.

확실한 목표를 정하고 내가 하는 일에 대한 '목적'이 분명해지면 주위에서 갑자기 도와주는 사람들이 생기는 신기한 경험을 하게 된다. 이 기회를 잘 활용해야 한다. 《행복의 특권》의 저자 하버드대 숀 아처 교수는 "성공을 위해 치열하게 노력하는 동안 그토록 갈망하는 행복을 몽땅 잃어버리고 만다. 그것은 주변 사람들 혹은 자기 스스로에게 부여한 높은 기대로 신음하고 있다는 사실이다"라고 했다. 똑똑한 하버드대 학생들 역시 어려움에 직면했을 때 도움의 손길을 뿌리치는 실수를 저지른다고 한다. 스스로 완벽해야 한다는 강박 때문에 성장하는 동안 도움을 받는 일은 자존심이 상하는 것이 아님을 알고 겸손해야 한다.

사업하는 사람은 마음속에 에베레스트산 하나를 가지는 것이라고 한다. 에베레스트를 오르기 위해 해야 할 일은 내가 올라야 할 산이 에베레스트라는 것을 정확히 인지하는 것이다. 목표 설정을 하고 나면 셰르파의 도움이 필요하다. 셰르파의 역할은 단순하게 길을 안내하는 가이드가 아니다. 전반적인 준비 사항부터 길을 설정하고 정상에 도착하는 시간까지 모든 것을 조언한다. 다행스럽게도 우리에게 셰르파는 여럿일 수 있다. 목표에 도달하지 못하는 이유는 많다. 하지만 성공 확률을 10배 올리는 방법이 있다. 그것은 셰르파에게 도움을 요청을 하는 것이다.

리더십 연구의 선구자 스튜어트 프리드먼은 저서 《와튼스쿨 인생특강》에서 "내 목표를 명확히 적어 두는 일은 나에게 맞는 경험을 이끌어 내고 목표를 이루는 데 도움을 준다"고 했다. 목표는 변하게 마련이고 이것이 오히려 좋은 현상이다. 끊임없이 내 인생에서 무엇이 중요한지를 생각하고 있다는 증거다. 성장 단계별로 새로운 기회가 오고 이것을 새로운 관점에서 볼 수 있다는 것 자체가 목표에 가까이 가고 있다는 반증이다.

29
시그니처,
평범한 메뉴를
특별하게 만드는 방법

고객에게 전달하고자 하는 메시지가 정해졌다면 어떤 방법으로 표현할지를 생각해야 한다. 매장의 핵심 구성 요소인 메뉴에 메시지를 담을 수도 있고 공간 연출과 서비스 등의 부가가치를 통해서도 전달이 가능하다.

시그니처 메뉴는 '우리만의 야심작' 그 자체로 효과적인 메시지다. 우리 매장의 콘셉트를 잘 표현한 시그니처 메뉴는 음식점이나 카페 브랜드의 정체성과 지향점을 나타낸다.

■ 발상의 전환

요리를 잘 못하는 사람도 인기 메뉴를 만들 수 있다. 평범한 메뉴를 특별하게 만드는 방법은 익숙한 것을 낯설게 만드는 것이다. 오히려 전문가는 고정관념에 갇히기 쉽다. 살짝 비틀어서 낯설게 만들면 익숙한 것도 새로워지고 마음을 사로잡는 메뉴로 바뀐다. 하지만 너무 낯설고 생소한 메뉴는 외면받거나 알리는 데 시간이 많이 걸린다. 메뉴 개발의 핵심은 차별성이지만 대중성이 기본이다. 이것이 창업의 성패를 결정짓는 중요한 요소다.

작은 매장일수록 가격으로 승부하지 말고 우리 매장만의 가치를 표현할 수 있는 메뉴를 개발해 보라. 기존 메뉴라도 먹는 방법을 바꾼다거나 보여 주는 방식에 따라 새롭게 느낄 수 있다. 단순하지만 발상의 전환을 통해 특별해지는 메뉴, 그런 걸 떠올리는 게 중요하다.

메뉴에 '바닐라 라떼'라고 쓰면 무난하지만 '오후 3시를 위한 라떼'라고 바꿔 쓰는 순간 이야깃거리가 생긴다. "오후 3시쯤 식곤증에 당이 떨어질 시간이잖아요." 재미있으면서 공감할 수 있는 이야기는 고객과의 친근한 대화로 이어진다. 평범함에 고객을 설득할 수 있는 아이디어 하나를 얹어 비범해질 수 있다.

요리 전문가가 아니기 때문에 생각해 낼 수 있는 메뉴들도 있다. 나는 주변 지인들의 시식평에서 많은 아이디어를 얻는다. 그냥 한마디 툭 던지는 말에 고객의 심리가 담겨 있다. 오히려 비전문가인 것이 장점으로 작용할 때가 많다. 아마추어이기 때문에 자유롭게 생각할 수 있는 것이다. 그것에서 힌트를 얻으면 전문가들이 생각지 못했던 새로운 메뉴가 탄생한다.

이런 메뉴를 하나씩 만들어 가는 과정이 고객과 소통하며 기억에 남는 가게가 되는 방법이다. 누구나 새로움을 경험하면 가까운 누군가에게 알리고 싶어 한다. 작은 변화로 평범함이 신박해질 수 있게 하려면 관점을 바꾸는 연습이 필요하다. 떠먹는 인절미, 오렌지 속을 파내고 그릇으로 사용한 오렌지 티라미수, 군고구마를 그대로 재현한 군고구마 티라미수 등이 좋은 예다. 시그니처 메뉴는 시각적으로 보여지는 비주얼과 메뉴 이름으로 고객을 유혹할 수 있다. 이름만 들어도 맛을 떠올릴 수 있고 먹고 싶다고 느끼게 한다면 일석이조다.

■ 메뉴를 개발하는 과정

메뉴가 결정되면 실제로 음식을 만들어 시식을 반복해 보고 상품화하는 단계로 접어든다. 이때 우선 원가에 신경 쓰지 않고 생각한 대로 만들어 본다. 물론 원가를 전혀 고려하지 않을 수는 없지만 너무 의식하면 가치 있는 제품을 만들어 내기 어렵다.

품질을 높이는 방법으로 고객의 욕구를 만족시키는 식재료를 선택하는 것이 좋다. 식재료의 선택 역시 대중성을 고려해야 한다. 시식과 평가는 고객의 연령층이나 성별로 나누어 받아 보는 것이 좋다. 메뉴의 모양, 식감, 전체적인 맛, 온도, 양, 차별성 등을 만족도에 따라 점수를 매기고 평가 결과에 따라 조정할 필요가 있다.

이렇게 조리와 시식을 반복한 끝에 제품이 정해지면 레시피를 만들고 원가를 계산한다. 매장을 오픈할 때까지 완벽하게 메뉴를 만들기는 생각보다 어렵다. 그렇다고 고객을 상대로 미완성 메뉴로 테스트를 할 수는 없다. 그래서 시식단이 필요하다. 가족이나 지인들을 상대로 객관적 평가를 받아보는 것이 좋다.

메뉴 개발은 직접 메뉴를 만드는 시간보다 콘셉트를 잡는 기간이 훨씬 길다. 새로운 메뉴를 출시하고 반응이 좋으면 '산고의 고통을 잊게 해 준다'는 말을 할 정도로 쉽지 않다. 그렇게 만들어진 메뉴가 하나씩 더해 갈 때 내공이 쌓이는 것이다.

고객의 마음을 사로잡을 메뉴가 무조건 '특별해야 한다'고 생각할 필요는 없다. 익숙한 메뉴인데 담음새를 바꾸는 것만으로도 새롭게 보일 수 있다. 물론 벤치마킹으로도 인기 메뉴를 만들 수 있다. 무작정 흉내 내기만 하는 것이 아니다. 기존 메뉴에 자기만의 아이디어를 더할 때 비로소 매력적인 '우리 가게만의 상품'이 될 수 있다.

나는 맛집에 가서 특색 있는 메뉴를 먹으면 그 순간부터 만들어 보고 싶은 마음이 발동한다. 나만의 방식으로 같은 메뉴를 다르게 만드는 것 자체를 즐긴다. 내가 즐거워야 고객에게 그 마음이 그대로 전달된다.

■ 맛이 차지하는 비중

이제는 제품의 질이나 맛이 상향 평준화되었다. 어딜 가도 기본 이상은 한다. 그래서 사람들은 더욱 특별한 '무엇'을 찾게 된다. 하나의 제품이 고객의 머릿속에 오래도록 기억된다는 건 너무 어렵다. 고객에게 그 제품이 정말 필요하고 중요한 것이어야 하는데 상황은 자꾸 변한다. 입맛이 변하기도 하고 라이프 스타일이 바뀌기도 한다.

제품이 아무리 독특해도 사람들은 돌아서면 잊어버린다. 재방문을 하지 않는 이유 중에 매장의 존재 자체가 잊혀진 경우가 상당히 많다는 설문조사 결과도 있다. 그래서 필요한 것이 꾸준한 고객 관리다. 일정 기간 간격을 두고 지속적인 관계를 유지해야 한다.

작은 가게는 지역 밀착형 사업이므로 고객 서비스가 중요하다. 고객의 입소문이 매장 홍보를 대신할 수 있는 중요한 역할을 한다. 지역 특성상 직장인이 많은지 아니면 가족 고객이 많은지 그에 맞는 메뉴 개발에 신경을 써야 한다. 지역 특산물을 이용한 메뉴는 해당 지역을 체험하지 못한 사람들에게 그 지역의 문화를 느낄 수 있게 해 주는 핵심 전략 중 하나다. 지역 특산물의 활용은 농가와 직거래를 할 수 있어 재료를 별도로 판매하는 것도 가능하다. 매장에 사진이나 POP로 정성이 담기는 과정을 공개하는 것도 좋다. 사랑하는 사람이 떠오르게 하는 음식이라면 공유하고 싶어질 것이다.

메뉴뿐 아니라 재료에 관한 스토리도 마음을 건드리는 요소가 될 수 있다. 떡국의 유래를 예로 들면, 긴 가래떡 모양은 무병장수를 기원하는 의미다. 떡국이 동그란 이유는 엽전 모양으로 한 해 동안 재물이 많이 쌓여 풍요롭기를 바라는 마음이 담겼다고 한다. 유래나 어원을 활용해 가치를 올려보는 것도 방법이다. 더불어 먹는 날, 먹는 방법도 재밌는 이야깃거리가 된다. 경쟁자와 차별화 전략으로 작용할 수 있기 때문이다.

프랑스 소설가 마르셀 프루스트는 "진정한 발견의 여정은 새로운 경치를 찾는 것이 아니라 새로운 시각으로 보는 것에 있다"고 했다. 나는 사람과 사람을 연결해 시너지를 낼 수 있는 구조를 만드는 일을 하고 있다. 내가 추구하는 '함께'라는 가치를 메뉴로 표현했다. 한식 케이크의 핵심은 각 재료들이 빚어내는 맛의 조화에 있다. 각각의 재료에 맛이 어우러지면서 어디에서도 먹어 보지 못한 한식 케이크만의 맛을 내게 된다. 나는 재료와 만드는 과정 등 제품에 대한 다양한 고집이 있다. 누군가는 사업하는 사람의 걸림돌이 '장인정신'이라고도 한다. 하지만 그런 고집스러움이 지금의 우리 회사를 만들었다고 생각한다.

외식업 전문가들은 맛이 차지하는 비중이 크지 않다고 말한다.

대박집의 성공 비결 중 맛이 차지하는 비중은 전체의 30%를 넘지 않고, 매장 분위기와 서비스, 같이 간 일행과의 에피소드, 그리고 날씨도 영향을 받는다. 내가 어찌할 수 없는 건 제외하고 나머지 요소들, 즉 오감을 만족시킬 수 있는 요건들을 만들어 보자.

시각적인 요소 중 메뉴판의 눈에 띄는 이미지와 문구로 시선을 집중시키고 선택을 제안할 수 있다. 메뉴판도 메뉴의 품질을 가늠할 수 있는 요소가 된다. 매장 내 POP로도 어필이 가능하다. 눈에 보여야 인식하고, 선택하고, 기억한다.

시그니처는 마케팅 포인트로도 효과적이다. 이때 반드시 단일 메뉴가 아니더라도 하나의 조합이나 세트 구성 또한 하나의 시그니처가 될 수 있다. 매장의 특성과 업종에 따라 다양한 메뉴 구성이 필수다. 다만 메뉴가 많아지더라도 중심 콘셉트를 벗어나지 않도록 일관성을 유지해야 한다. 선택의 폭이 넓어지는 만큼 전체적인 콘셉트를 유지하는 것이 중요하다. 이럴 경우 메뉴판의 역할은 '어떻게 팔 것인가'에 대한 전략이 담겨 있어야 한다.

시그니처는 외식업에서 매장을 대표하는 간판 메뉴로 통한다. 맛집을 가면 무엇을 주문할지 결정하기 쉽다. 확실한 대표 메뉴가 있기 때문이다. 하지만 초보 창업자가 이렇게 하기는 쉽지 않다. 메뉴를 구성할 때 특별한 노하우가 필요한 이유다. 같은 업종에 다른 매장을 방문하고 메뉴 구성에 대한 분석을 충분히 해야 한다. 대표 메뉴가 없다는 것이 잘못은 아니다. 단지 장기적으로 볼 때 브랜드를 홍보하고 알리는 역할을 하는 도구이기에 집중해야 하는 것이다.

30
가격 결정은
고객이 제품에 두는 가치를
찾는 수단이다

가격 결정에서 가장 중요한 것은 고객마다 같은 상품이나 서비스에 매기는 가치가 다르다는 사실을 이해하는 것이다. 일단 이 가치 기반에서 가격 결정이 지닌 원리를 받아들이고 나면 가격 결정의 기능을 폭넓게 생각할 수 있다. 가격 결정은 정확한 하나의 가격을 찾는 것이 아니다. 가치는 저마다 다르게 평가하는 제 눈에 안경인 셈이다. 고객마다 우리 상품이나 서비스에 정하는 가치를 파악해야 하고, 이것을 바탕으로 전략을 세우는 문제로 이해해야 한다.

■ 가격 결정의 중요성

어떻게 하면 최적의 가격을 찾을 수 있을지 고민하지만 결국에는 대부분 '감'으로 결정한다. 가격 결정은 이익 극대화의 관점에서 최적의 가격을 찾는 데 초점을 맞추고 전략적인 가격을 제시해야 한다. 외식업은 대부분 경험에 의한 보편적인 가격대, 시장가격 등으로 결정한다. 이들이 내리는 대체적인 결론은 고객들이 무난하게 받아들이는 가격이다. 이렇게 주먹구구식으로 정한 무난한 가격이 과연 맞는지 확인해 볼 필요가 있다.

같은 장소에서 열리는 음악회도 좌석에 따라서 티켓값이 차이가 난다. 일반석보다 더 좋은 좌석에서 공연을 관람하고 싶다면 좀 더 높은 비용을 지불하고 로열석 티켓을 산다. 이는 자신이 중요하게 가치를 두고 있는 것에 대해서는 기본 가격보다 높은 가격을 기꺼이 지불하기 때문이다.

이와 같은 현상은 커피 한잔을 마실 때도 마찬가지다. 부재료나 음료의 선택에 별도 비용을 책정하는 것은 바로 프리미엄 가격 정책의 일환이라고 볼 수 있다. 이러한 가격 정책은 커피값이 조금 비싸더라도 더 좋은 품질을 맛보길 바라는 고객이 있기 때문이다.

가격 책정에 있어 미리 작성해 두어야 할 자료는 식재료 단가표다. 각각 식재료의 납품량과 납품단가를 작성하면 정확한 원가를 계산할 수 있다. 가격 책정은 메뉴와 상품 개발에서 가장 중요한 부분이다. 경영의 성공 여부에 가격 책정은 큰 비중을 차지한다. 이는 매장의 수익성과 직결되기 때문이다. 따라서 상세한 분석을 통해 신중히 결정해야 한다. 저렴하고 질 좋은 식재료를 구입한 후 고품질의 상품을 합리적인 가격으로 만드는 노력이 필요하다.

이 개념은 경제 분석에서 가장 중요한 기본 원칙인 수요의 법칙에 근거한다. 우리가 자주 가는 카페나 음식점을 떠올려 보자. 특별한 날은 좀 더 돈을 지불하더라도 그에 상응하는 대접을 받고 싶다. 우리 고객들도 같은 매장에서 다른 가치를 느끼고 찾을 수 있다. 비슷한 성향의 사람들도 제품에 매기는 가치는 각기 다르다. 친구들이 나와 다른 시각으로 가치를 매기고 돈 쓰는 것을 보고 놀란 적이 있을 것이다. 고객들이 기꺼이 지불하고자 하는 금액은 이처럼 주관적이다. 이를 이해하는 것이 성공적인 가격 결정의 핵심이다.

■ 숨은 가치를 찾으면 가격을 올릴 수 있다.

수많은 고객이 생각하는 적정 가격은 모두 제각각이다. 주관적인 최저가와 최고가 사이에는 상당한 차이가 있다. 그렇기에 핵심 아이디어는 다중가격 사고방식이다. 우리는 고객이 같은 제품에 매기는 다른 가치에 초점을 맞춰야 한다. 그 가치로 인해 적은 금액부터 많은 금액까지 각기 다른 이익을 거둘 수 있다. 유통기한이 한정된 제품을 다루는 산업은 이미 일종의 다중가격 전략을 채택하고 있다. 예를 들어 떡은 제조일로부터 1일인 제품이 많다. 마감시간이 가까워지면 할인을 하는 이유다.

사용기간이 한정된 제품은 팔리지 않을 경우 이익이 사라진다. 그러므로 그 업계는 가격 전략을 적극적으로 사용하여 숨겨진 이익을 찾아야 한다. 우리 직원들은 가격을 인하해 줄 수 있는 권한이 있다. 여기서 핵심적인 질문은 '언제 깎아 주느냐'다. 가격을 조정할 수 있는 직원의 재량권이 활용되는 경우는 세 가지가 있다. 첫째, 고객에게 수익성 좋은 제품으로 업그레이드 구매를 유도할 때 할인할 수 있다. 물론 할인을 고려하고도 수익성이 높은 제품이어야 한다. 둘째, 대량주문일 경우 직원은 고객에게 할인을 제안한다. 셋째, 자기 재량으로 마감 세일을 하는 경우다.

경쟁적인 상황에서는 우리 제품과 경쟁사 제품의 차이점이 무엇인지 알아야 한다. 우리 제품만이 지닌 차별화된 독특한 장점을 강조해야 한다. 직원들은 기존 고객과 잠재 고객 모두를 직접 상대한다. 그러므로 제품의 가치에 확신을 가지고 있어야 한다.

모든 직원이 제품의 가치를 이해하고 이를 긍정적으로 받아들여야한다. 이 확신은 직원들이 현재 가격도 충분히 좋은 조건이라는 메시지를 고객에게 자신 있게 전달하도록 만든다. 우리가 우리 가치를 자신감 있게 표현하지 못한다면 고객들도 자신에게 제공되는 가치가 높다고 받아들일 수 없게 된다.

가격을 책정할 때 초점은 언제나 이익을 극대화하는 데 맞추어져야한다. 우리는 가격을 결정하는 사고방식을 바꾸는 것만으로도 바로상당한 수준의 이익을 창출할 수 있다. 생산비란 제품의 품질이 수준 이상 내려가서는 안 되는 최저 기준이다. 가격은 어디까지나 가치에 기반을 두어야 한다. 그리고 제품의 원가가 증가했을 경우 유지할수 있어야 한다. 그 외에 모든 것은 가치에 달려 있다. 즉 가격 결정은고객들이 제품에 두는 가치를 찾기 위한 수단으로 생각하고 접근해야한다.

고객이 맞춤 서비스를 원할 때도 숨겨진 이익을 발견할 수 있다. 주문형 제품 가격을 매길 때 비용이 아니라 가치에 집중하는 것이다. 포장은 대부분 서비스로 생각하기 마련이지만 포장 비용도 원가에 포함된다. 포장 비용이 이익을 압박하는 사례는 의외로 많다. 백화점에는선물 포장을 별도로 해 주는 코너가 있다. 포장지 선택에 따라 비용이 달라진다.

하지만 떡을 선물하는 분들은 포장비를 별도로 받는 것을 이해하지 못하는 경우가 많다. 떡과 같은 저관여 상품은 제품 단가가 낮다. 때문에 포장 비용을 원가로 책정하지 않거나 별도의 포장비를 받지 않을 경우 이익의 상당 부분이 날아가게 된다.

■ 가격 결정의 차별화 전략

가격 결정에 시간은 중요한 요소다. 백화점 식품관 매장은 저녁 7시가 되면 모두 마감 세일을 한다. 마감 30분 전이면 최고로 할인율이 높아진다. 가격이 더 낮아질 때까지 기다리는 고객도 있다. 물론 제품을 즉각적으로 구매하기 위해 기꺼이 기존 판매가를 지불할 의사가 있는 고객도 있다. 또한 대량으로 구매하는 고객에게 할인해 줌으로써 객단가를 높일 수 있다. 제품을 낱개로 파는 동시에 묶음으로 판매하는 것은 각 고객마다 다른 가격을 부과할 수 있다는 뜻이다.

떡은 최소 수량이 있어 일정한 양이 되어야 주문이 가능하다. 한번에 출하하는 양이 적으면 로스가 생겨 원가가 높아진다. 그렇기에 최소 판매 단위를 정하는 것이다. 하지만 소량을 판매하지 않는다면 그것 역시 손해다. 최소 수량이 안 되면 표준 외 청구가격을 정하면 된다. 최소 수량이 30개일 때 개당 3,000원인 답례품을 10개 주문했을 경우 4,500원, 1개 주문 시 5,000원이 되는 것이다. 정해진 범위를 벗어난 주문에도 능숙하게 대응할 수 있는 카드가 된다.

상품을 싸게 팔아도 이익이 나는 것은 막강한 자본력이 있는 대기업뿐이다. 그런데 작은 가게나 매장이 대기업과 같은 전략으로 판매한다면 당연히 이익을 내지 못한다. 시장에 대기업과 중소기업의 상품이 혼재하는 이상, 중소기업은 상품을 싸게 파는 전략으로는 절대 대기업을 이길 수 없다. 꼭 대기업이 아니더라도 자본력과 경쟁력이 우위인 매장과 가격으로 승부한다는 것은 커다란 위험이 따른다. 시장 경쟁력에서 밀리는 작은 회사는 의미 없는 할인 판매 경쟁을 피해야 한다. 제품을 제값 받고 판매하는 전략으로 확실한 이익을 내는 구조를 만들어야 한다.

비슷한 상품이나 서비스가 있음에도 굳이 가격이 비싼 상품을 구입하게 하려면 좋아하는 마음에서 한 단계 더 나아가야 한다. 고객을 이른바 '팬'으로 만드는 것이다. 앞으로 작은 가게가 살아남으려면 충성 고객 만들기에 주력해야 한다.

상품 가격에는 일반적인 인식이 존재한다. 그래서 특정 상품이 시장에서 팔리는 가격대는 어느 정도 정해져 있다. 그 가격대를 넘어서면 고객은 비싸다고 느낀다. 이 기준은 생활 수준이나 수입에 따라 정도의 차이가 나기도 하지만 일반적으로 구입할 수 있는 상품의 경우 비슷한 인식을 가지고 있다. 고객은 이것이 싼 상품인지 비싼 상품인지 감각으로 판단할 수 있으며 물건을 구입할 때 직감적으로 느낀다.

이렇듯 저관여 상품을 비싸게 팔기는 거의 불가능하다. 아무리 정성스럽게 만들고 좋은 재료를 사용한 떡이지만 1팩에 5천 원 이상 (시장 떡집은 1팩에 3천 원) 받기는 어렵다. 일반적인 인식을 넘어선 가격이므로 판매가 쉽지 않다. 하지만 케이크는 인식이 다르다. 떡케이크는 일반 떡보다 비싸게 팔 수 있다. 일반적인 백설기 1kg 가격이 1만 원에서 15,000원 사이라면 같은 양의 백설기를 떡케이크로 만들면 2배 이상의 가격을 받을 수 있다. 물론 포장이나 데코레이션을 추가한다면 3배까지도 가능하다.

비싸게 팔기 위해서는 이유가 필요하다. 그 이유를 만들 수 없는 상품은 고객도 사야 할 이유를 발견하지 못하므로 절대 비싸게 팔 수 없다. 비싸게 파는 전략이 성공한 사례를 보면 판매자의 이름과 얼굴을 전면에 내세운 경우가 많다. 사장이나 직원의 캐릭터를 전면에 내세워 고객에게 친근감을 주는 전략이다.

고객이 비싼 가격을 붙여도 싸다고 생각하게 만드는 판매 방식은 바로 '차이'를 보여 주는 것이다. 고객은 생각보다 싸다고 느끼지 않으면 만족감이 떨어질 수밖에 없다.

31

메뉴판은
고객 만족도와 수익에
영향을 미친다

메뉴판은 선택사항을 제한해야 한다. 메뉴판에 음식 종류가 많으면 많을수록 손님은 불안감을 느낀다. 심리학에서 말하는 '선택의 역설(paradox of choice)'이다. 선택권이 많아질수록 "내가 고른 음식보다 다른 음식이 더 맛있으면 어쩌지?"라는 불안감이 증가하는 것이다.

어떻게 하면 더 매력적으로 보일 수 있을까, 진지하게 생각해야 한다. 그러면 객단가를 올릴 수 있는 메뉴판을 만들 수 있다. 가격을 노출하는 방법과 메뉴 이름을 정하는 것도 중요하다. 사소해 보이지만 판매에 지대한 영향을 미친다.

■ 메뉴판의 역할

메뉴판은 매장의 정체성을 알리고 매장의 콘셉트와 관리적 측면까지 고려한 고객과의 1차 커뮤니케이션 수단이다. 타깃 고객의 특성과 마케팅 전략 등 전반적인 계획이 고객에게 잘 전달될 수 있도록 만들어야 한다. 메뉴판의 역할은 메뉴에 대한 정보와 가격 등 매장 전반에 걸친 사항들을 파악할 수 있어야 한다. 음식의 효능과 맛, 색상, 만드는 과정 등이 담긴 메뉴판은 구매 욕구를 높이는 효과가 있다.

타깃 고객을 분석하여 메뉴의 카테고리를 정하는 것도 고객 만족을 실천할 수 있는 방법이다. 업종에 따라 식재료별로, 또는 조리방법에 따른 분류도 가능하다. 고객의 욕구를 자극하여 제품을 구매하게도 하고 재방문을 유도하는 역할도 한다. 결과적으로 메뉴판은 짧은 시간에 고객에게 많은 내용을 어필할 수 있어야 한다.

그래서 전문 용어나 외래어로 표기된 메뉴판은 지양해야 한다. 가독성이 좋아야 신뢰감이 생기고, 원산지 표기 등 고객이 예민하게 생각하는 부분까지 세심하게 표기해야 한다. 글씨 크기가 너무 작거나 디자인 요소가 지나쳐 서체를 알아보기 힘들다면 결국 모든 내용을 말로 다시 설명해야 하는 번거로움이 생긴다. 고객의 마음을 헤아리며 만든 메뉴판은 당연히 그들의 마음에 가 닿게 된다.

실제로 메뉴판은 손님이 어떤 음식을 고를지에 직접 영향을 미칠 뿐더러, 수익과 고객 만족도에도 영향을 미친다. 메뉴 개발 전문가 그렉 랩은 7개 이상의 음식을 메뉴에 넣으면 손님들이 압박감을 느끼고 혼란스러워한다고 한다. 선택의 폭이 넓어지면 결국 모험을 피하고 과거에 먹어 본 경험이 있는 것을 선택하게 되는 것이다. 따라서 카테고리당 메뉴를 5가지 미만으로 정하는 것이 바람직하다.

■ 메뉴판 만들기

메뉴판은 누가 봐도 알기 쉽게 만들어야 한다. 고객이 매장을 나갈 때 만족하지 못하는 이유는 '최선의 선택'을 하지 못했기 때문일 가능성이 많다. 각자 취향에 맞는 메뉴를 선택했을 경우 만족도가 높은 것이 당연하다. 고객이 자신에게 맞는 메뉴를 고를 수 있도록 친절한 안내가 필요하다.

고객이 만족하지 못하는 상황이 된다면 재방문의 가능성도 희박하다. 메뉴판도 친절한 서비스에 포함된다는 사실을 기억해야 한다. 복잡한 메뉴판을 단순하고 보기 쉽게 바꿔야 하는 이유다.

메뉴판에 음식 이미지를 넣는 것은 식욕을 당기는 최고의 효과를 준다. 맛있어 보이는 음식 사진이 메뉴판에 있으면 매출의 30%를 높일 수 있다는 연구 결과도 있다. 많은 글씨를 읽는 것보다 사진을 보고 선택하는 것이 직관적인 판단을 도와준다. 배가 고픈 사람이라면 사진에 보이는 걸 주문하며 맛을 상상할 수 있으니 더욱 효과적이다. 이미지는 꼭 사진이 아니라도 괜찮다. 일러스트로 재미있게 표현된 이미지도 고객의 상상력을 자극하고 실제 메뉴와의 거리를 좁힐 수 있는 방법이다.

반대로 사진이 너무 많으면 효과는 반감된다. 강조하고 싶은 대표 메뉴나 추천 메뉴의 이미지를 넣으면 고객의 선택을 돕는 것은 물론이고 재료 준비도 수월하다.

메뉴판에 가격을 적는 것은 필수 사항이지만 방법은 다양하다. 요즘은 '10,000원'이라고 쓴 것보다 '10.'이라는 가격표가 많다. 여기에는 숨겨진 비밀이 있다. 돈을 나타내는 '원'이라는 기호를 보는 것만으로 고객은 고통을 느낀다는 연구 결과가 있다. 돈을 써야 한다는 것을 상기시킴으로써 저항감을 갖는다는 것이다.

가격을 알리면서 고객이 부담을 느끼지 않게 하는 방법은 숫자를 한글로 표현하는 것도 좋은 방식이다. 또한 10,500, 9,800, 6,900과 같이 가격을 책정하면서 고민한 흔적이 묻어난다면 고객에게 친숙하게 다가갈 수 있다. 하지만 메뉴와 가격을 실선이나 점선으로 연결시키는 것은 지양해야 한다. 고객들은 메뉴 가격을 따라 읽으며 무의식적으로 불편함을 느끼고 결국엔 낮은 가격대 메뉴를 선택하게 된다.

백화점 매장에서 돋보이고 싶은 제품을 진열하는 방식은 따로 있다. 주변에 다른 제품과 일정한 간격을 두는 것이다. 또 다른 방법은 단을 높여 다른 제품보다 도드라져 보이게 함으로써 고객에게 대표 메뉴임을 어필할 수 있다. 메뉴판도 마찬가지다. 수익성이 좋은 대표 메뉴는 다른 메뉴들과 간격을 두어 별도로 표기한다. 메뉴 이름에 테두리를 만들거나 다른 색으로 강조하는 것도 효과적이다.

고객들의 구매 결정에 큰 영향을 미치는 '산지 직송' '제철 재료' 같은 식재료의 원산지나 신선함을 강조하는 문구가 필요하다. 이런 설명들은 메뉴의 품질에 대해 알 수 있도록 도와준다. 조리방법을 표현하는 것은 건강과 영양적 요소까지 살피는 고객의 이용 동기에 한 발 더 다가설 수 있다. 이렇게 고객의 이용 목적에 따른 추가적인 설명이 있다면 좀 더 빠른 선택이 가능하다.

■ 친절한 메뉴판 활용하기

메뉴판을 만들었다면 다음은 주문을 받는 역할이 중요하다. 고객을 만족시키기 위해서는 주문을 받는 직원들이 메뉴에 대한 충분한 지식을 갖춰야 한다. 어떤 재료가 들어갔는지 원산지와 조리방법까지 알아야 한다. 각 메뉴의 주재료와 맛을 설명하는 것은 기본이고 여기에 주문을 받는 직원의 리뷰까지 덧붙인다면 금상첨화다. "저는 매운 것을 좋아해서 개인적으로 이 메뉴가 가장 맛있어요." "저는 단것을 좋아하지 않는데 이 메뉴는 담백해서 좋아요"라고 한다면, 고객은 직원의 리뷰를 듣고 쉽게 판단할 수 있으며, 이렇게 설명하는 직원을 신뢰하고 다른 질문도 하게 될 것이다.

메뉴판에 추가 메뉴를 표기했더라도 주문을 받으면서 한 번 더 질문하는 것은 기본이다. 세트 메뉴는 할인이 된다는 장점을 설명함으로써 고객에게 이익이 된다는 것을 강조할 수 있다. 대형 프랜차이즈 매장에 가면 대부분 이런 방식으로 주문을 받는다. 하지만 작은 매장들은 여전히 학습되지 않는다는 점에서 좀 더 적극적인 자세로 임해야 한다. 고깃집이라면 추가 주문 유도는 식사 중 고객을 면밀히 살펴야 가능하다. 추가로 고기를 더 주문하거나 식사를 주문하는 것에는 타이밍이 있다. 고객이 벨을 눌러 주문하기 전에 미리 질문하고 추가 주문을 유도하는 것만으로 매출의 20%를 올릴 수 있다.

메뉴에 들어가는 주재료를 어필하는 것도 좋은 방법이다. 만드는 과정을 설명하면 정성도 느껴지고 좋은 재료는 건강한 음식이라는 생각도 들게 된다. 메뉴판에 '직접 먹어 봤는데 정말 맛있어요'라고 쓰는 건 작은 매장이기 때문에 할 수 있는 최강의 홍보 문구다. 제철 재료를 사용한 메뉴로 이 계절에 꼭 먹어야 한다는 것을 인식시킨다면 고객 입장에서 오히려 감사함을 느낄 수 있을 것이다. 또한 계절이나 날씨에 따라 메뉴를 다르게 추천함으로써 고객과의 친근한 대화를 유도할 수 있다.

32
메인 메뉴를
돋보이게 하는
사이드 메뉴를 만들어라

가치라는 관점에서 제품을 보면 지속적인 성장 기반을 마련할 수 있다. 우리가 판매하는 제품에는 그 특성에 따라 많은 가능성이 내재되어 있다. 그러기에 고객이 가치를 둘 만한 다른 부수적인 제품이 있어야 한다. 구색만 갖추는 것이 아니라 메인 메뉴가 돋보일 수 있는 메뉴라면 더욱 바람직하다. 이런 사이드 메뉴는 제조원가가 낮아 핵심 메뉴보다 수익성이 더 좋을 수 있다.

■ 사이드 메뉴 만들기

디저트는 메인 메뉴의 완성도를 높이며 객단가를 올릴 수 있는 효과적인 아이템이다. 외식업 중 일반 음식점은 자판기 커피나 식혜 등을 서비스로 주는 곳도 있지만 이를 좀 더 개발하여 사이드 메뉴로 선보이는 곳이 늘고 있다. 이런 메뉴들로 고객이 매장에 머무는 시간을 늘리는 것은 또 다른 부가 상품의 판매로 이어진다. 간단한 방법으로도 얼마든지 매력적인 디저트를 만들 수 있다.

메뉴 구성과 담음새, 서비스 등 각 요소마다 차별화를 두려면 지속적인 노력이 필요하다. 고객은 아주 작은 서비스에 감동받는다. 현재 유통구조가 바뀌어 농가와 직거래하는 쇼핑몰이 대세이고 공장에서 쇼핑하는 시대다. 메인 메뉴에 사용하는 원재료를 판매하는 것은 전혀 어색하지 않다. 여기에 '나만의 스타일'이 추가된다면 가성비 좋은 부가 상품으로 자리매김하게 된다.

하남의 '디딤돌 숨두부집'은 내가 자주 가는 맛집이다. 메인 메뉴인 숨두부도 일품이지만 곁들여 나오는 된장찌개와 청국장은 깊은 맛이 제대로다. 또 나갈 때 주는 '콩물 덜 뺀 비지'는 돈을 받고 판매해도 될 정도의 별미다. 그리고 계산대 앞쪽에 놓인 각종 콩과 청국장, 된장은 고객들의 발길을 잡는 이 집의 부가 상품이다. 맛있는 비지를 공짜로 가져가자니 미안한 마음에 뭐라도 더 사게 만들지만, 이것 역시 맛있으니 '누이 좋고 매부 좋고'다.

■ 정체성 지키기

매장을 오픈하면 타깃 고객으로 정한 손님 외에 여러 부류의 손님이 온다. 이럴 때 손님은 꼭 없는 메뉴를 찾는다. 처음 사업을 시작한 사장은 이런 손님들에게 휘둘리기 쉽다. 원하는 메뉴가 없다고 하면 손님이 그냥 나가기 때문이다. 초기에는 의욕이 넘치니 모든 손님을 다 만족시켜야 한다는 착각을 한다. 그래서 처음 생각과 달리 메뉴를 자꾸 늘리게 되는 것이다.

낙지 전문점인데 손님들이 주꾸미를 찾으면 '비슷한 종류니까 팔아도 되지 않을까'라는 유혹에 빠지게 된다. 이렇게 합리화시키며 메뉴를 추가하는 것은 아주 위험하다. 매장의 정체성이 흔들리기 때문이다.

타깃 고객을 연구하고 고객의 입장을 고려하여 야심차게 준비했지만 고객의 의견을 모두 반영할 수는 없다. 개업 초기에는 본인이 만든 콘셉트의 검증이 안 된 상태이니 자신감이 없는 것은 당연하다. 그래서 고객들의 한마디에 마음이 흔들리게 된다. 메뉴를 간소하게 해야 한다는 조언을 많이 들어 사이드 메뉴라는 카테고리를 선택한다. 하지만 사이드 메뉴도 콘셉트 안에 있어야 한다. 메인 메뉴를 돋보이게 해야 하고 전체적으로 일관성이 있어야 한다.

대박 음식점일수록 메뉴가 단출하다. 선택과 집중으로 완성도가 더욱 높아진다. 이것은 자신감의 발로이며 고객은 직간접적으로 그것을 느낀다. 거기에 어울리는 부가 메뉴가 있다면 객단가까지 자동으로 올라간다. '이 집은 이 메뉴를 먹는 곳이구나'라고 고객의 기억에 남을 수 있다. 부가 상품은 메인 요리와 함께 곁들이는 사이드 메뉴일 수도 있고, 포장이 가능한 제품이 될 수도 있다.

■ 효자 상품 만들기

부가 상품은 작지만 강한 활약을 펼칠 수 있다. 대부분 카페 외식업에서는 굿즈가 효자인 경우가 많다. 커피 전문점 스타벅스는 음료 매출이 차지하는 비중이 30% 미만이라고 한다. 스타벅스 관계자는 "텀블러 등 MD 매출은 매년 조금씩 차이가 있지만 전체 매출의 10% 정도"라고 말한다. 이제 카페는 커피를 마시는 장소를 넘어 일상에서 추구하는 하나의 문화가 되었다. 부가 상품의 판매로 고객의 라이프 스타일을 파고들 수 있는 것이다.

커피 프랜차이즈 업계에서는 텀블러 시장이 최근 3년간 연평균 20% 성장률을 기록했다고 한다. 음료 외 부가 상품으로 매출이 늘어나는 것은 물론 집객 효과도 있다. 그렇기에 대형 커피 브랜드들이 부가 상품에 집중하는 것이다. 카페 내 일회용 컵 사용을 제한하는 정책과 소비자들의 환경에 대한 경각심이 높아지면서 텀블러가 필수품이 되었다. 머그잔, 다이어리 등은 우리 매장만의 개성을 담을 수 있는 부가 상품이 될 수 있다.

'도미노피자'도 피자와 함께 먹기 좋은 사이드 메뉴로 인기가 있다. 업계 관계자는 디저트와 샐러드가 전체 매출 중 약 15%를 차지할 정도로 반응이 좋다고 한다. 메인 메뉴에 비해 높은 가성비가 가심비로 이어지며 만족도를 높이는 역할을 하는 것이다. 내가 운영 중인 카페도 배달의 경우 최소 주문 금액을 맞추기 위해 추가로 주문하던 떡 메뉴를 이제는 단품으로 주문할 정도로 수요가 늘고 있다.

축구 경기에서는 선수들의 포지션이 중요하다. 각자 맡은 위치에서 제 몫을 다해야 승리할 수 있는 확률이 높다. 외식업에서 메뉴는 '선수'인 셈이다. 각 메뉴마다 역할이 있다. 메뉴 구성은 대표 메뉴, 수익 메뉴, 유인 메뉴 혹은 미끼상품이 있다. 대표 메뉴는 브랜드의 얼굴로 매장의 콘셉트와 정체성을 담고 있어야 한다. 수익 메뉴는 주력 메뉴로 내가 진짜 팔고 싶은 메뉴다. 한식 케이크 카페의 대표 메뉴는 '오렌지 티라미수'지만 주력 메뉴인 한식 케이크가 매출의 60% 이상을 차지한다.

메뉴의 다양성은 주력 메뉴의 확장으로 이루어져야 한다. 쑥케이크, 흑임자케이크, 백년초케이크 등 한식 케이크 종류를 늘리는 것이다. 마지막으로 '미끼상품'은 본래 마케팅 분야에서 사용하는 용어다. 전문용어로는 '로스리더(loss-leader)'라고 한다. 원가보다 싸게 팔거나 시중가보다 저렴한 가격에 파는 상품이다. 이것의 목적은 '미끼'라는 말에서 짐작할 수 있듯이 더 많은 고객을 유인하는 데 있다. 파격적인 조건을 내건 상품으로 수익성은 크지 않지만 이를 보고 찾아온 고객이 다른 제품을 구입함으로써 이익을 극대화시키는 것이다.

로스리더 마케팅을 맨 처음 사용한 사람은 질레트 면도기 창업자인 킹 질레트로 알려져 있다. 질레트는 날을 바꾸어 끼는 면도기를 생산, 판매하면서 면도기의 초기 가격을 매우 저렴하게 책정했다. 대신 면도기를 구입한 소비자들에게 바꿔 낄 수 있는 면도날을 계속 사게 함으로써 더 많은 수익을 올렸던 것이다.

'미끼상품'을 이용한 마케팅은 유통업계에서 즐겨 쓰고 있다. 미끼상품 전략은 고객을 끌어들이는 데 가장 쉽고, 신속하며, 큰 효과를 볼수 있는 방법이다.

미끼 메뉴가 꼭 저렴할 필요는 없다. 고가의 스페셜한 메뉴도 미끼상품이 될 수 있다. 이 메뉴는 판매 목적이 아니고 이로 인해 다른 메뉴가 합리적 내지는 저렴한 가격으로 보이게 만든다. 고객은 상대적으로 가격을 비교하고 '합리적'이라고 느끼기 때문이다.

이바지 세트 중 도자기에 담긴 정과세트는 우리 매장에서 가장 고가 제품이다. 이 제품으로 인해 같은 카테고리 안에 있는 이바지 세트 가격이 상대적으로 비싸지 않게 느껴진다. 이와 같이 부가 상품은 판매를 목적으로 객단가를 올릴 수 있는 제품도 있지만 메인 메뉴를 돋보이게 하기 위한 전략으로도 활용할 수 있다.

100년 가는 작은 가게

제5장

100년 가는
작은 가게
사장이 된다는 것

33

사장의
생각과 말과 행동이
사업의 성패를 가른다

사업을 하기로 했다면 모든 것은 '사장의 책임'임을 다시 한 번 되새겨야 한다. 세상 탓, 경제 탓, 남의 탓은 결코 도움이 되지 않는다. 사장의 생각과 말과 행동이 사업의 성패를 가르기 때문이다. 이것이 지금 사업을 시작하는 여러분에게 운명을 바꿀 수 있는 첫 번째 깨달음이 되기를 바란다. 목표를 세우고 그것을 실천하기 위한 작은 조각들로 하루를 채운다면 성공으로 가는 방향임에 틀림없다.

■ 내 생각을 들여다보는 것은 용기가 필요하다

생각을 조심해라, 말이 된다.
Watch your thoughts, for they become words.

말을 조심해라, 행동이 된다.
Watch your words, for they become actions.

행동을 조심해라, 습관이 된다.
Watch your actions, for they become habits.

습관을 조심해라, 성격이 된다.
Watch your habits, for they become your character.

성격을 조심해라, 운명이 된다.
Watch your character, for it becomes your destiny.

우리는 생각하는 대로 된다.
What we think, we become.

이것은 나의 좌우명이자 영화 〈철의 여인〉에서 영국의 경제 부흥을 이끈 마가렛 대처 수상의 말이다.

우리는 하루에 오만 가지 생각을 한다. 하지만 사장이 되기로 마음 먹었다면 꼭 해야 되는 생각이 있다. 내가 원하는 방향으로 사업을 이끌어 갈 힘이 내 안에 있다는 생각을 가장 먼저 해야 한다. 이 자신 감은 확신이 되고 나를 버티게 하는 근간이 된다. 내가 초보 사장을 만나면 가장 먼저 해 주는 말이다. 그 과정에서 본인이 잘하는 것, 내 가 스스로 나를 칭찬할 수 있는 일들을 정리해 보는 것이다.

나의 현실을 직시하는 것은 자신을 객관적으로 보는 일이다. 타자 의 관점이 아니기에 있는 그대로의 나를 보게 된다. 다른 사람을 설 득하기 위해서 자신을 포장할 필요도 없고, 납득이 가는 상황으로 조 율할 이유도 없다. 냉정하게 나를 들여다보는 행위는 많은 저항이 생 기기 때문에 용기가 필요하다. 변명 따위는 통하지 않는다. 넘치던 자 신감이 멈칫할 수도 있지만 오롯이 자신의 상태를 확인하는 과정으 로 생각의 정리를 돕는다. 그렇게 혼자만의 공간에서 나를 들여다보 는 시간을 하루에 30분 이상 가져야 한다.

나의 현재는 내가 스스로 선택하고 키워 온 생각의 결과다. 생각만 하는 것이기에 비밀스럽게 간직할 수 있다고 믿는다면 오산이다. 내 생각은 성격으로 드러난다.

나는 머릿속 생각들에 추상적인 이름표를 붙여서 그것을 범주화하고 정리하는 버릇이 있다. 사업을 하면서 빠른 결정을 내리기 위한 나만의 방식이다. 어느 이론이 뒷받침된 것이 아님에도 나는 이것을 의식적으로 매우 신속하게 해낸다. 물론 러프하게 범주화하는 과정에서 오류가 생기기도 하지만, 나의 선택은 언제나 '빠른 판단'이기에 직관에 맡긴다.

꾸준히 운동하면 몸에 근육이 생기는 것처럼, 생각도 단련이 필요하고 그렇게 마음 근육이 생긴다. 올바르게 생각하는 훈련을 함으로써 결단력과 추진력이 길러지고 멘탈이 강해질 수 있다.

사업 성공이 반드시 노력에 비례하는 것은 아니다. 하지만 결과를 보면 얼마나 노력했는지 알게 된다. 사업을 해 본 사람들은 성공한 경영자들이 그들의 경험과 노하우를 쌓기 위해 실패하며 겪었던 아픔을 공감할 수 있다. 도저히 넘을 수 없을 것 같은 장애물에 부딪쳐 치열하게 살아남았다는 사실을 알고 감동하기도 한다.

노력과 행동에 의해서만 성장할 수 있다는 사실을 믿는다면 주저할 이유가 없다. '할 수 있다는 의지'는 내가 속해 있는 상황의 '전반전인 흐름'을 알아야 생긴다. 나는 제조업을 시작한 지 8년이 지난 후에야 이 사업에 눈을 뜨기 시작했다. 중간에 포기했더라면 절대 알 수 없는 많은 것들을 몸으로 부딪쳐 알아가는 과정을 거친 것이다. 때문에 외식업을 처음 시작하거나 이 분야에 경험이 없는 사람이라면 배운다는 마음으로 일정기간 '버티기'를 목표로 할 것을 권한다. 이런 생각과 마음가짐이라야 5년 이상 생존율이 20% 미만이라는 외식업 시장에서 살아남을 수 있다.

■ 올바른 질문에 답을 찾는 과정이 사업이다

최고의 미래학자요 경영학자인 피터 드러커는 《성공하는 리더의 8가지 덕목》에서 자기 평가를 위해 5가지 질문을 한다. 첫째, 우리의 사명은 무엇인가? 둘째, 누가 우리의 고객인가? 셋째, 고객이 높이 평가하는 것은 무엇인가? 넷째, 우리가 원하는 결과는 무엇인가? 다섯째, 우리는 어떻게 우리의 목표에 도달할 수 있는가?

사장의 생각과 말은 회사의 모든 방침에 기준이 되기에 올바른 질문으로 답을 찾아야 한다.

생각은 사유(思惟) 또는 사고(思考)라고도 한다. 일을 지각이나 기억으로 해결하기에 충분하지 않을 때 생각이라는 활동을 통해 어떻게 행동할 것인가를 결정한다. 또한 다른 사람이나 대상을 헤아리고 판단하는 행위 역시 생각이라고 한다. 어떤 문제가 결론에 도달하기 위해서 행하는 일련의 과정은 생각에서 비롯된다. 너무나 당연하게 무의식으로 행해지기에 중요성을 간과하게 되지만, 이제 인지한다면 시행착오를 줄일 수 있다.

경영 원칙과 사고방식이 담기는 사장의 생각은 조직의 방향과 분위기를 좌우한다. 회사는 사장이 생각하고 말하는 대로 흘러가게 마련이다. 성공의 기준은 모두 견해가 다르겠지만 이를 이루기 위해 공통으로 해야 할 일이 있다. 내 분야에 필요한 전문지식을 습득하고 그 지식을 자신만의 방식으로 생각하고 행동으로 바꾸는 것이다. 생각은 습관이 되고 습관이 쌓여야 성과를 이룰 수 있다.

대부호 사이토 히토리는 이렇게 말했다.

"장사를 하려고 결심했다면 용기가 필요하다. 카페를 경영하고 싶다고 해서 아무리 카페를 연구한들 할 수 있는 게 아니다. 가게를 열고 직접 부딪쳐 일하면서 배워 가는 수밖에 없다. 게다가 산처럼 많은 지식 중에서 정말로 활용할 수 있는 지식은 그렇게 많지 않다. 그것을 확인하는 데 필요한 것은 용기와 행동이다. 용기를 갖고 행동할 때 비로소 '단순한 지식'이 '쓸모 있는 지혜'로 바뀐다."

사이토 히토리는 우리가 사는 이 지구를 '행동의 별'이라고 했다. 내 생각의 진위 여부와 옳고 그름을 판단하기 위해서는 행동이 수반되어야 하는 것이다.

스승은 배울 준비가 되어야만 나타난다고 하는데, 내 경우도 그랬다. 나는 목표를 세우고 그것을 이루기 위해 열심히 일했다고 자부한다. 하지만 목표를 이루는 방법에 대한 생각의 한계를 짓고 한 가지에만 몰두했다. 목표를 이루는 방법이 여러 가지가 있다는 생각을 하게 된 계기는 몇 번의 좌절을 맛본 후였다.

내가 실패한 가장 큰 이유는, 내가 노력한 방법이 틀릴 수도 있다는 생각을 하지 못했기 때문이다. 그리고 그 목표가 내가 정말 이루고 싶은 목표인지를 깊게 생각지 않았다. 어느 날 스승을 만나게 되고 나를 들여다보는 시간을 갖게 된 후 많은 변화가 생겼다.

머리로 아는 것과 소화를 시켜 내것으로 만드는 것은 차원이 다르다. 실패를 한다는 것은 힘들고 아프지만 거기서 깨달음을 얻는다면 그것 역시 성공으로 가는 여정의 한 부분이 된다. '이렇게 하면 안 되는구나'를 직접 경험으로 알게 된다. 실감하지 못한다면 후에 행동 지침이 될 수 없다.

어떻게 생각하는지에 따라 실패는 자산이 되기도 하고 그냥 실패로 끝나기도 한다. 우리가 갖고 있는 모든 자산은 노력의 대가이고 완성된 생각으로 이루어지는 것이다.

34

직원 민족도와
고객 만족도는
자전거의 바퀴와 같다

사업은 그야말로 현실이다. 숨을 수도 피할 수도 없이 모든 상황을 그대로 받아내고 해결해야 한다. 사업을 하는 데 가장 중요한 요소가 사람임은 아무리 강조해도 지나치지 않다.

사업 초기에 가장 힘들었던 것 역시 직원들과의 관계였다. 사장이 생각하는 기본 상식과 직원들 각자의 생각에는 큰 격차가 있다. 관계의 핵심은 소통이지만 현실은 녹록지 않았다. 직원들이 내 마음과 같기를 바라면 결과는 상처뿐이다. 외식업은 일을 가르쳐서 시킬 만하면 그만두는 과정의 연속이다. 외식업 사장들의 한결 같은 고민, 즉 직원들과의 관계 개선의 답은 다름 아닌 '목표'다.

■ 나는 왜 이 일을 하는가

나는 면접을 볼 때 창업을 목표로 하는 사람을 우선적으로 채용했다. 기술직은 작은 매장을 운영하기에 좋은 조건이기 때문이다. 직원 모두 각자 다르지만 목표가 있는 직원들이 많으면 분위기가 달라진다. 자신의 목표를 이루어 가는 과정이 회사 경영 이념에 부합되고 회사의 성장이 곧 나의 성장이 될 때 시너지가 생긴다. 경영자는 그에 대한 매뉴얼과 인센티브 제도, 교육 시스템만 갖추면 된다.

초보 직원에게 가장 먼저 알려 줘야 하는 것은 무엇을 하는 곳인지, 그리고 구체적으로 해야 할 업무 방법을 설명한다. 해당 업무 매뉴얼을 순서대로 알려 주고 과정을 이해시켜야 한다. 그리고 왜 그 일을 해야 하는지 가르친다. 가장 중요한 것은 왜 해야 하는지를 이해시켜야 한다. 일을 하는 방법은 기본적으로 숙지해야 하고 왜 그 일을 해야 하는지를 이해하면 능동적인 대처가 가능해진다. 현장교육은 그 다음이다.

경력자 중에는 다른 곳에서의 경험을 절대 법칙인 양 내세우는 이들이 있다. 그래서 이 매장의 차별점을 이해시키는 것이 중요하다. 회사의 원칙은 경영자가 세우는 것이다. 기준을 잡지 못하면 경력직 직원들에게 휘둘리고 만다. 다른 회사와의 차별점과 비전, 그리고 목표를 이루었을 때 보상이 분명해야 한다. 단기·중기·장기 목표를 세우고 이것을 같이 이루어 나갈 수 있도록 독려하는 시간이 매달 정기적으로 필요하다.

사이먼 사이넥의 '골든 서클'은 직원들을 가르쳐서 일을 하게 만드는 방법으로 사용된다. 무엇을 하는지 가르치는 것은 회사가 무슨 일을 하고 무엇을 파는지를 알게 하는 과정이다.

내가 운영하는 카페는 이면도로 2층에 있지만 세계 최초로 한식 케이크를 개발한 곳이다. 가장 좋은 재료를 쓰며 메뉴의 품질이 우수하다는 것을 설명해 주는 것이다. 다음은 해당 업무를 어떻게 하는지

가르친다. 한식 케이크는 어떻게 만들고 메뉴 설명은 어떻게 하는지, 어떤 식의 추가 질문을 통해 객단가를 올릴 수 있는지 알려 준다. 고객이 선물 포장을 원할 때 어떤 질문을 해야 하는지를 매뉴얼화한다.

포장을 하는 직원이라면 메뉴별 포장용기가 어떻게 다른지, 효율적인 프로세스를 알려 준다. 일의 방법을 가르치는 것은 기본이지만 매우 중요하다. 직원이 업무를 바르게 익혀야 한 사람의 역할을 해내고 그래야 직원을 채용한 것에 대한 성과를 낼 수 있다. 그다음 왜 이 일을 하는지, '왜'라는 방식에서 모든 회사나 매장은 성장 속도가 달라진다. 직원들에게 왜 이 일을 하는지를 알려 주면 일일이 업무 지시를 하지 않아도 스스로 해결하는 힘이 생긴다.

모든 회사나 매장은 자신들이 무슨 일을 하는지 잘 알고 있다. 자기 회사가 무슨 일을 하는지 모르고 회사에 다니는 사람은 없을 것이다. 그러나 직원 중에 왜 이 일을 하는지 알고 있는 사람은 많지 않다. 팀워크가 좋은 매장은 왜 이 일을 하는지 아는 사람이 많을 확률이 높다. 자신의 일에 가치를 부여한다는 것은 행동을 유도하고 이끄는 마법의 주문과 같다. 무엇을 위해 일을 해야 하는지를 이해하면 정해진 일이 아무리 힘들고 귀찮더라도 대충하거나 게을리하지 않는다.

심리학자 브룸은 "인간은 행동하기 전에 그 행동의 결과가 어느 정도의 확률로 일어날지 예측하고 자신에게 얼마나 매력적인지를 판단한다"고 했다. 직원 교육에 동기 부여와 가치, 그리고 기대감이 주는 메커니즘에 대한 얘기다. 행동의 결과로 얻어지는 목표의 매력 정도에 따라 그 가치는 달라진다. '왜 이 작업이 필요한지, 이 일을 통해서 이룰 수 있는 것은 무엇인지'를 이해하고 공감할 수 있다면 최고의 팀워크를 만들 수 있다.

루틴 업무란 정해진 순서대로 하는 일상적인 업무다. 정해진 일을 정해진 대로 철저하게 지키면서 기준을 조금씩 높여 가야 한다. 당연한 이야기라고 생각할 수 있지만 당연하다는 건 가장 어려운 것이기도 하다. 매장 업무는 루틴 업무 80%와 능력을 발휘해야 하는 업무 20%로 나뉜다. 하지만 능력을 발휘해야 하는 20%의 업무보다 80%인 루틴 업무를 게을리함으로써 큰 문제로 이어지는 경우가 많다. 매일 반복되는 일상적인 업무라 하더라도 순서를 바꾸거나 대충 넘어가려 해서는 결코 안 된다.

■ 직원 교육에 더 신경을 써야 하는 이유

외식업은 사람이 매우 중요하다. 대부분 운영자의 능력에 따라 서비스 수준이 달라지고 매장에 대한 고객 평가가 갈리게 된다. 동일한 식재료, 동일한 설비, 동일한 도구를 사용하더라도 만드는 사람에 따라 달라지는 게 외식업의 가장 큰 문제다.

누가 만들어도 비슷한 맛을 낼 수 있게 하는 것이 레시피의 매뉴얼화다. 사장이 직접 요리를 할 수 있으면 문제가 없다. 주방 직원이 바뀌면 다시 가르치고 맛을 보고 조절하면 된다. 본인이 하려는 매장의 메뉴 중 핵심적인 맛내기 비법 정도는 가지고 있어야 하는 이유다.

지속적인 교육을 통해 회사의 목표와 기준을 직원들과 공유해야 한다. 회사의 기준과 직원들이 지켜야 할 기본이 무엇인지 명확히 알려야 한다. 기본 규율을 따르는 것이 쉽지 않을 때가 많다. 하지만 그 최소한의 기본을 지키느냐가 성패를 좌우한다. 자유로운 분위기와 규율 없음을 혼동해서는 안 된다. 현장에서 전체적인 조율을 할 때 빠른 의사 결정 능력이 필요하다. 직원들은 결과에 책임지는 것을 부담스러워한다. 이럴 때 사장이 앞장서서 총대를 맬 수 있어야 직원들의 신뢰를 얻을 수 있다.

한번은 직원의 실수로 예약 주문이 누락된 적이 있었다. 예약한 시간에 제품이 도착하지 않자 손님이 전화를 했고, 그제야 발등에 불이 떨어져 나에게 연락이 왔다. 나는 먼저 손님이 예약한 제품을 바로 만들라고 지시하고 한 시간쯤 후에 고객에게 직접 배달을 갔다. 상황 설명을 하고 사과한 후 비용을 전액 환불해 주었다. 물론 그 고객은 지금 우리 회사 VIP 단골이다. 실수는 누구나 할 수 있다. 같은 실수를 반복하지 않도록 일을 처리하는 과정에서의 문제점을 찾는 것이 중요하다. 업무 프로세스는 문제점을 보완해 나가며 매뉴얼을 만들어야 하고 이것이 쌓여야 노하우가 된다.

매장 직원들은 그 회사의 얼굴이다. 고객이 직원을 통하여 매장의 서비스와 제품의 품질에 대해 좋은 인상을 줄 수도 그렇지 않을 수도 있다. 내부 마케팅은 큰 회사만 있는 것이 아니다. 작은 회사일수록 직원들이 느끼는 회사에 대한 자부심이 고객 접점 서비스로 나타난다. 성장하는 회사들을 보면 하나같이 직원들의 만족도가 높다. 이것은 당연한 결과다. 자기 회사에 만족하지 못하는 직원이 회사 이익을 위해 고객 만족도를 높이려고 노력하지 않는다.

작은 가게는 직원과 함께 땀 흘리며 일할 수밖에 없는 구조다. 하지만 잊지 말아야 할 것이 있다. 사장에게는 사장만이 해야 할 일이 있다. 전략적인 홍보를 하고 효율적으로 매출을 올릴 수 있는 방법을 모색해야 한다. 그러기 위해서는 전략을 세울 시간이 필요하고, 전체를 볼 수 있는 넓은 시야가 확보되어야 한다. 직원 교육에 더 신경을 써야 하는 이유는 사장이 사장만이 할 수 있는 일을 하기 위한 시간을 만들기 위해서다.

직원 만족도와 고객 만족도는 마치 자전거의 바퀴와 같다고 한다. 회사 제품에 자부심은 자신감으로 연결되고 그것은 그대로 고객에게 전달된다. 제품의 맛이나 품질에 대해 자신 있게 설명할 수 있다면 고객의 신뢰는 높아질 수밖에 없다. 그래서 사장은 먼저 직원의 만족도를 생각하는 것이 현명하다. 많은 사장들이 직원의 만족보다 고객의 만족을 우선한다. 그것은 잘못된 생각이다. 일이나 회사에 만족하지 못하는 직원이 좋은 서비스를 제공할 리가 없다. 직원 만족이 고객 만족으로 이어지기 때문이다.

35
사업을 성공적으로 이끄는 데 직원의 역할이 매우 중요하다

사장이 직원에게 업무를 위임하고 권한을 주는 것은 직원을 관리하는 데 있어 가장 중요한 기술이다. 구성원을 이끌어야 할 책임이 있지만 혼자 모든 일을 할 수 없기 때문이다. 적절하게 업무를 위임함으로써 모든 일에 신경 써야 하는 중압감에서 벗어날 수 있다. 그런 다음 경영의 크고 중요한 다른 문제들을 돌아보고 해결할 수 있다. 직원은 지시하는 일만 수동적으로 하던 방식에서 벗어나 주도적으로 일을 맡아 함으로써 책임감을 기를 수 있고 업무 능력도 향상된다.

■ 위임을 해야 하는 이유

사업을 시작하면 사장만 할 수 있는 일이 있다. 기본적인 업무 외에 계속해서 변하는 시장의 흐름에 맞춰 전략을 세우고 전체를 조율하는 역할이 그것이다. 그 업무에 집중하려면 시간적 여유가 있어야 하고 그래서 업무 위임이 필요하다. 그런 다음 사장은 고유 업무에 집중하며 회사의 비전과 방향을 진두지휘할 수 있다.

요식업 사장들은 대부분 '내가 하면 더 잘할 수 있다' '자세히 설명할 시간에 내가 한다'면서 스스로 하는 것이 더 빠르고 정확하다고 생각하는 경향이 있다. 물론 나도 그랬다. 하지만 '몸을 쓰면 머리를 쓸 수 없는' 악순환이 반복된다. 직원에게 일을 맡기면 통제하기 어렵다고 하소연하는 사장도 있다. 그러기에 위임은 기술이 필요하다. 구성원을 잘 이끌기 위해서는 그들이 능력을 발휘할 수 있도록 권한을 주고 성공을 도와야 한다.

위임을 하는 것은 사장이 본연의 업무에 집중할 수 있는 시간을 만들 수 있다는 점에서 매우 중요하다. 세계적인 동기부여가 지그 지글러는 저서 《성공을 얻는 기술》에서 "오늘 당신의 선택이 내일 당신이 무엇을 갖게 될지, 어떤 사람이 될지, 무엇을 알게 될지를 결정한다는 것을 잊지 말아야 한다"고 했다. 사업을 한다는 것은 선택의 연속이다. 옳은 판단을 하고 조직을 성공적으로 이끌어 가기 위해 사장에게 필요한 것은 '시간'이다.

사장이 업무를 위임하는 가장 큰 이유는 더 큰 영향력을 발휘하기 위해서다. 자신이 추구하는 방향으로 조직이 효과적으로 움직일 수 있게 만들어야 한다. 사장이 직원들이 해야 할 업무에 빠져 있으면 비전 제시나 전략 수집 등 본연의 임무를 망각할 수밖에 없다. 직원들이 업무가 많아서 일을 시키기가 미안하다는 생각은 버려야 한다. 한계를 규정 짓는 것은 또 다른 한계를 만들게 된다.

사업을 성공적으로 이끄는 데 직원의 역할이 매우 중요하다. 그 직원을 내 편으로 만들어야 한다. 그러기 위해서는 자발적으로 회사 업무에 참여하고 이를 통해 성장하는 기회를 갖도록 해야 한다. 처음에는 스킬과 지식이 부족해서 일의 속도가 더디고 효율적이지 않을 수 있다. 하지만 업무 능력은 일을 직접 수행함으로써 향상된다. 시행착오를 겪으면서 노하우를 습득하고 업무에 대한 열정과 성취를 느껴야 일에 재미가 생긴다. 단기간의 교육으로 업무 능력을 향상시키기는 어렵다. 실질적인 업무 수행을 통해 성공을 경험하는 기회를 주는 것이 동기 부여의 실질적인 방법이다.

처음에는 직원이 실패할 경우 사장이 감당해야 하는 리스크가 크다. 그렇다고 직원의 일을 사장이 하는 것은 도움이 되지 않는다. 해당 업무를 담당할 만한 능력이 아닌데 어떻게 직원에게 일을 위임할 수 있을까? 업무 능력의 향상은 교육만으로 한계가 있다. 오직 실무로 일을 수행해야 발전이 가능하다.

하지만 직원의 능력이 100%가 될 때까지 기다린다면 사장은 업무를 영원히 위임할 수 없을 것이다. 만약 사장과 똑같이 100% 능력을 발휘하는 직원이 있다면 그것을 경계해야 한다. 그렇게 능력 있는 직원은 곧 작은 회사를 떠나 자기 회사를 차릴 준비가 된 것이다.

처음부터 감당할 수 없는 어려운 업무를 맡기는 것은 적절한 방법이 아니다. 직원은 좌절하거나 회피하게 된다. 직원 역량에 맞는 기초적인 업무에서 시작해야 한다. 방금 태어난 아기에게 뛰는 것을 바라는 부모는 없다. 아기는 배밀이를 하고 얼마간 기어다니다 벽을 잡고 일어난다. 아장아장 걷는 단계를 거쳐야 뛸 수 있다. 업무 위임도 마찬가지다. 쉬운 일부터 맡기고 점차 어려운 과업을 부여함으로써 역량을 발휘할 기회가 생기는 것이다. 위임은 직원에게 있어 업무를 배우고 새로운 기회를 발견할 수 있는 더할 나위 없이 좋은 방법이다.

직원의 역량은 한 단계 높은 도전적인 업무를 수행할 때 더욱 강화된다. 직원들이 성취감을 느끼도록 완결성 있는 업무를 줌으로써 자신의 존재 가치를 느낄 수 있게 된다. 위임함으로써 직원의 능력을 끌어올리고 새로운 방식으로 창의성을 발휘할 수 있도록 기회를 주어야 한다. 직원 스스로가 업무에 대한 성취감을 느껴야 회사가 성장하고 이런 과정이 거듭되어야 시스템을 만들 수 있다.

■ 위임하는 방법

'위임하기'는 기술이 필요하다. 먼저 직원에게 구체적인 가이드라인을 제시해야 한다. 또한 업무를 위임할 때는 해당 업무의 책임과 권한도 동시에 위임한다. 만일 위임을 하고 사사건건 간섭한다면 직원의 적극성은 사라진다. 결국 위임은 더 큰 비효율을 낳게 된다.

그리고 위임하는 업무의 최종 목표와 마감 기한, 실행 방법, 주의사항 등을 확실하게 전달해야 한다. 대충 던져주고 능력껏 하라고 한다면 이것은 위임이 아니라 책임 전가가 되어 신뢰마저 잃게 된다. 위임의 궁극적인 목적은 직원이 자신의 창의성과 적극성을 충분히 발휘하도록 하는 것이다.

미국 제32대 대통령 루즈벨트는 이렇게 말했다.

"가장 훌륭한 경영자는 뛰어난 감각으로 훌륭한 인재를 뽑아서 경영자 자신이 원하는 일을 시키고 그들이 그 일을 하는 동안 불필요한 간섭을 하지 않도록 스스로를 절제할 수 있는 사람이다."

위임은 그 일의 적임자에게 정확하게 해야 한다. 사장은 각각의 업무를 최적의 사람에게 맡길 수 있도록 직원들의 업무 성향에 관심을 갖고 살펴야 한다. 직원의 강점과 역량을 파악하고 개발하는 것이 사장의 역할이다. 직원 개개인의 역량을 알아야 일의 난이도와 업무 처리 속도 등을 감안하여 업무를 부여할 수 있다.

사장은 직원들이 업무를 수행하는 데 장애물은 없는지 체크하고 필요한 경우에만 도움을 주어야 한다. 직원들 스스로 본인의 능력으로 작은 성공을 경험하고 나면 자신감이 생겨 일에 열정이 생긴다. 사장은 조급해하지 말고 일정 기간 기다려 주는 인내심이 필요하다. 일이 진행되는 동안 진행 상황을 가볍게 체크하는 것이 사장의 역할이다. 진행 사항을 확인하는 일이 간섭처럼 느껴지지 않도록 격려하는 것으로 관심을 표현한다.

업무를 위임할 때 내용이 명확하지 않으면 사장과 직원 모두 불안하다. 결과에 대한 책임 소재도 부정확하면 일의 성과를 기대하기 어렵다. 위임을 하는 자체가 정해진 업무 전체의 책임을 위임하는 것이므로 최종 마감일은 반드시 정해야 한다.

주의해야 할 것은 위임한 업무가 실패로 끝날 경우다. 그에 대한 책임까지 위임받는다면 직원들은 거부반응을 일으킬 것이다. 비록 직원이 업무를 전담한 일이라도 그 일이 실패했을 경우에는 사장이 해결해 주어야 한다.

위임한 업무가 끝나면 반드시 최종 평가를 하고, 업무가 성공적이든 실패든 피드백을 해야 한다. 성공했을 경우 잘한 부분에 대해 분명히 칭찬하고 성과를 인정해야 하며, 문제가 있었다면 원인이 무엇인지 확인하고 같은 실수를 반복하지 않도록 피드백을 해 준다. 부정적인 피드백을 할 때는 사실에 근거하여 부족한 부분만을 지적해야 한다. 과거의 실수까지 더해진다면 인격적 모욕을 느낄 수도 있다.

사장에 대한 의존도가 지나치게 높으면 위임받은 일에 대해서도 일일이 보고하고 지시받으려 한다. 실수를 두려워하고 책임을 회피하고자 하는 마음이 크기 때문이다. 전략적으로 중요한 업무일 경우 진행되는 과정만 확실하게 체크하면 크게 문제되는 일이 없다. 중요한 일을 맡길 때는 그 일을 통해 얻게 되는 스킬과 노하우를 구체적으로 알려 주면 효과적이다. 그것을 습득할 경우 본인에게 직접적으로 어떤 도움이 되는지를 설명해 주면 직원의 의욕을 살릴 수 있다.

사장의 긍정적인 피드백은 직원들이 업무에 자신감을 갖고 자신의 강점을 더 강화해 나가는 계기가 된다. 평소 직원들이 일상 업무에서 자율성과 함께 책임감도 갖도록 교육한다. 효율적인 업무 방식을 공유하고 세부적인 업무 처리는 직원에게 위임한다.

직원이 역량을 갖추었다고 생각되면 업무의 자율성을 인정해 줘야 실력이 향상된다. 그리고 위임받은 직원을 신뢰하고 믿음을 표현해야 한다. 그보다 업무를 효과적으로 위임하는 데 필요한 건 직원과의 원활한 소통이 먼저다.

36

USP와 퍼스널 브랜딩,
공감에서 소통으로
이어져야 한다

과거에는 100m 달리기에서 10초를 넘을 수 없었다. 10초 벽이 인간의 한계라고 생각했던 것이다. 하지만 9.9초대 기록이 나오면서 불가능할 것 같던 10초 벽은 무너졌다. 선수들은 9초대에 뛰는 방법을 연습하기 시작했고, 그 뒤 많은 선수들이 10초 벽을 깼다.

한계를 규정 짓는 것은 우리 생각이다. 과거에는 불가능할 것 같았던 많은 것들이 현재는 현실이 되고 있다. 지난날엔 사소한 불편함이라고 당연시했던 점들, 즉 문제라고 생각하지 않았던 수고로움이 있었다. 그것을 문제라고 보는 것부터가 한계를 허무는 작업이다. 작은 회사가 경쟁자를 앞지를 수 있는 차별화의 핵심은 소소한 문제를 찾는 것에서 시작해야 한다.

▪ USP(Unique Selling Proposition)

차별화를 만들어 낼 때 중요한 점은 소비자에게 유익한 '다름'을 제안하는 것이다. 지속적인 선택을 유도하고 재구매로 이어지는 선순환

구조를 만들 수 있어야 한다. 고객이나 소비자에게 의미 있는 '다름'이란 구매에 결정적인 영향을 미치는 차별점을 말한다. 제품의 차별화 전략은 시장에서 우위를 점할 수 있는 가장 일반적인 수단이다. 지속적인 도전과 꾸준한 노력으로 이루어 낼 수 있는 결과다.

근래 차별화의 핵심은 제품을 생산하고 판매하는 것에만 있는 것이 아니라 콘텐츠에 문화까지 담아서 전달하는 것에 있다. 작은 가게일수록 나만의 스토리를 담은 특색 있는 매장을 만들어야 한다.

대형 프랜차이즈 매장과 경쟁하려면 작은 가게는 다른 전략이 필요하다. 게임의 규칙을 내가 세우는 '1등 전략'이 그것이다. 우리는 떡 제조업으로 시작해서 한식 디저트 시장에 진입했다. 디저트 시장은 유명한 파티셰들과 디저트 전문가들이 장악하고 있다. 아무리 노력해도 디저트 시장에서 1, 2등 할 수 있는 확률은 없었다.

우리가 선택한 전략은 새로운 키워드를 만드는 것이었다. 그래서 탄생한 것이 '한식 케이크'다. 나는 한식 케이크를 이렇게 정의했다. '매일 먹어도 속이 편안한 케이크.' 우리가 매일 먹는 밥, 즉 쌀로 만들었기 때문이다. 한식 케이크는 시장에 없는 단어였다. 그래서 한식 케이크 전문으로 우리는 1등을 할 수 있었다. 왜 다른 매장이 아닌 우리 매장에 와야 하는지, 올 수밖에 없는 이유를 만들었다.

사업하면서 내가 하는 일을 정의하는 것은 정말 중요하다. 하나의 문장으로 내가 하는 일을 표현할 수 있다면 그것이 브랜딩의 시작이다. 왜 이 업을 하고 싶은지, 어떤 삶을 살고 싶은지, 본질을 담아 재정의해야 한다.

차별화의 상대는 경쟁업체다. 경쟁자의 문제점을 관찰하고 그것을 해소할 수 있는 방법을 찾아볼 수 있다. 당신이 제공할 수 있는 '나만의 가치'가 곧 브랜딩의 근간이 되고 자기다움의 핵심이 된다.

처음 사업을 시작하면 축적된 노하우나 리소스가 절대적으로 부족하다. 그렇기 때문에 더욱더 한 가지에 집중해야 한다. 어떠한 이유로 회사를 창업했는지 자신의 철학이 묻어날 수 있는 제품 하나를 선택하자. 그것이 회사를 알리고 홍보하는 데 중요한 역할을 한다.

아시아 최초 하버드 경영대학원 종신교수가 된 문영미 교수는 저서 《디퍼런트》에서 "차별화는 전술이 아니다. 일회적인 광고 캠페인도 아니다. 그리고 혁신적인 신제품을 출시하는 것도 아니며 마일리지 프로그램을 만들어 내는 것 또한 아니다. 진정한 차별화란 말하자면 새로운 생각의 틀이다. 새로운 세상을 바라보는 태도다. 그리고 사람들을 이해하고, 그들의 생각과 행동을 인정하는 태도다"라고 했다.

차별화란 우리 제품과 서비스만이 가진 선택의 이유를 만들어 주는 것이고 그것이 브랜딩이다.

■ 퍼스널 브랜딩

작은 회사는 완벽한 제품이나 서비스로 시작하기보다는 열정이나 가능성으로 출발하는 경우가 많다. 수많은 변화로 시행착오를 겪기 때문에 회사의 브랜딩은 꿈도 꾸지 못하는 경우가 대부분이다. 그래서 회사 소개를 할 때나 제품을 알릴 때 창업가에 대한 이야기로 풀어가게 된다. 예를 들어 '원단공장을 25년 운영했던 사람이 만든 요가복 브랜드' 이렇게 시작하는 것이 퍼스널 브랜딩이다.

사업은 열정과 아이디어만 갖고 할 수 있는 것이 아니다. 그것이 세상에 빛을 보게 하려면 일정 규모 이상의 투자가 반드시 필요하다. 자기 자본만 가지고 사업을 시작하지 않는 경우 투자를 받아야 한다. 투자자들이 리스크로 가득한 작은 회사에 투자를 결정하게 되는 기준이 있다. 그 기준에 빠지지 않는 항목이 바로 창업가가 어떤 사람인가 하는 것이다. 전에 어떤 일을 했고 어떤 경력으로 지금 이 사업을 시작하게 되었는지가 중요한 요인이다.

자기만의 차별점을 명확하게 알고 있는 사람은 그리 많지 않다. 퍼스널 브랜딩을 하는 과정은 제품의 브랜딩과 비슷하다. 먼저 자기 분야에서 전문가가 돼야 한다. 자기 분야에 전문성이 쌓이면 자연스럽게 자신만의 관점이 생기고 나름의 철학이 만들어진다. 이렇게 자신만의 정체성을 갖게 되면 차별점으로 성장한다. 내가 추구하는 가치와 앞으로 원하는 삶의 방향이 아이덴티티가 되는 것이다.

요즘은 인스타그램이나 페이스북으로 하는 커뮤니케이션이 자연스럽다. 나의 전문성을 알릴 수 있는 콘텐츠를 만들어 여러 사람과 소통해야 한다. 목적을 분명하게 정하고 일상처럼 보이지만 철저하게 비즈니스여야 한다. 같은 맥락으로, 보는 사람이 기분 좋은 사진이나 영상을 올리지만 기획된 비즈니스 홍보가 포함되어야 한다. 지극히 개인적인 사생활은 다른 계정을 이용하고 정치나 종교적인 내용은 피하는 것이 좋다. 자신이 가장 잘 알고 있는 본인의 매력을 효과적으로 노출시켜 차곡차곡 쌓아 가는 것이다.

브랜딩을 한다는 것은 알리기 위함이지만 진정성을 기반으로 공감을 얻지 못하면 의미가 없다. 자신의 전문성을 기반으로 다양한 경험과 일상을 꾸준히 알리며 공감을 얻고 인정받는 것이 브랜딩이다.

전문성에 꾸준함이 더해지면 자기다움이 완성된다. 내가 만들어 가는 콘텐츠에 관심을 갖게 하려면 선택과 집중으로 타켓팅을 명확히 하고, 고객의 취향과 라이프 스타일을 알고 맞춤 서비스를 해야 한다. 이러한 고객을 기반으로 커뮤니티를 형성하고 관계를 유지하는 것이 퍼스널 브랜딩의 근간이다.

마케팅의 아버지라 불리는 필립 코틀러는 "디지털 세계에서의 브랜딩은 일관성과 함께 대응력이 중요하다"고 했다. 브랜드가 인간 중심적으로 접근하고 고객과의 교감을 중요시해야 하기 때문이다. 퍼스널 브랜딩도 마찬가지다. 진정성을 바탕으로 공감에서 소통으로 이어져야 하고, 변화를 따라가기가 어렵다면 변하지 않는 것에 주목할 필요가 있다. 시대의 흐름에도 변하지 않는 것이 본질이다.

기업이 매장을 운영하면 지속적으로 새로운 걸 찾아야 한다. 하지만 개인 사업자라면 무리해서 새로운 걸 하지 않더라도 매장을 유지할 수 있다. 다른 가게에는 없는 소소한 아이디어를 찾고 늘려 가는 것이 중요하다. 사소한 1등이 계속 쌓여서 고객을 감동시키는 것이 필요하다. 무엇을 하든 어느 누구도 흉내 내지 못할 나만의 노하우가 있어야 한다. 특별한 노하우는 개인의 성공은 물론 기업의 성패를 좌우할 만큼 중요하다. 차별화는 고객과 가까워지고 경쟁자와는 멀어지게 되는 원리다.

■ USP(Unique Selling point)

사업에서 경쟁은 자연스러운 질서다. 제품이나 브랜드를 경쟁사와 다르게 만들어 시장에서 올바르게 자리매김하기 위한 요소가 USP다.

우리는 고객에게 우리의 강점을 명확하게 답할 수 있어야 한다. 고객에게 독특한 가치를 준다는 것에 기초하고 내가 목표한 타깃 고객이 관심을 가지는 '그것'을 차별화해야 한다.

USP는 내 제품이나 브랜드를 경쟁업체와 차별화하기 위해 선택하는 전술이다. 건강한 음식을 판매한다면 삶에서 건강을 중요하게 생각하는 고객들이 관심을 가질 만한 것을 찾는 것이다. 재료의 효능만 강조하기보다 건강한 삶을 누릴 때 느껴지는 여유를 표현한다면 어떨까.

스케이트보드 매장으로 시작한 '수프림'은 벽돌에 로고를 찍어 30달러에 판매했다. 벽돌은 순식간에 품절되었고 온라인에서는 2,000달러에 되팔렸다. 이들의 성공적인 차별화 전략은 반주류 성향의 강한 악동 브랜드 아이덴티티를 구축한 것이다. 수프림은 매장을 보더 팬들이 모일 수 있는 아지트로 바꿔 '스케이트보드=수프림'이라는 공식을 만들었다. 그들은 기존 문화에 반항하는 악동적인 태도로 10~20대 젊은 층의 마음을 사로잡아 광적인 추종자로 만들었다. 거리의 캘빈클라인 속옷 광고 위에 자신들의 로고 스티커를 붙였다가 소송을 당하고, 루이비통 모노그램 문양을 도용해 스케이트보드에 새겨 팔다가 판매중지 처분을 받기도 했다.

흥미로운 것은 소송까지 불사하던 명품 브랜드들이 결국 수프림과 손을 잡고 컬래버 작업을 시작했다는 것이다. 캘빈클라인과는 소송 당시 스티커를 붙였던 광고 이미지를 그대로 사용하여 티셔츠 상품을 판매했다. 루이비통은 모노그램 문양과 수프림 로고를 함께 넣어 재킷, 가방, 운동화를 제작했다. 길거리 브랜드로 시작한 수프림은 자신들만의 차별화 전략으로 자리를 잡았다. 명품 브랜드가 컬래버 제안을 할 정도로 인지도가 생긴 것이다.

당신이 판매하는 제품에 모든 잠재적인 차별화 요소들의 목록을 만들어 보자. 전달하고자 하는 메시지는 정확해야 하고 구체적으로 말해야 한다. 문제 해결 방안을 그들의 언어로 고객에게 효용(Benefit)을 줘야 한다. 남들이 가지지 못한 나만의 특징이 USP이기 때문에 세월이 지나도 변치 않는 가치로 제품에 생명력을 부여해야 한다.

제품을 판매할 수 있는 방법은 여러 가지가 있지만, 나의 USP는 타깃 고객이 중요하게 생각하는 가치에 부합되어야 한다. 경쟁자가 아닌 나를 선택하게 하는 핵심인 것이다.

37
흔들리지 않는 철학으로 성공 방정식을 써라

내가 일하는 분야에서 인정받는 전문가가 되려면 업의 본질에 대한 자신만의 철학이 있어야 한다. 경쟁자들과 차별화할 수 있는 새로운 아이템을 개발하는 과정에서도 업의 개념은 중요하다. 그 이유는 각 분야의 사업이 갖고 있는 독특한 본질과 특성이기 때문이다.

업의 본질은 시공을 초월해도 변하지 않는 기본이다. 반면 업의 특성은 시대나 환경의 변화에 따라 달라진다. 사업의 핵심 성공 요인이 달라지는 이유는 업의 본질과 특성이 서로 다르기 때문이다.

■ 나만의 무기

'자생력'의 사전적 의미는 스스로 살길을 찾아 살아 나가는 능력이나 힘이다. 사업을 시작하면 외부의 도움 없이 스스로 생존할 수 있어야 한다. 수많은 실수를 반복하며 부딪치고 상처가 나지만 그런 시간을 거쳐야 항체가 만들어진다. 어지간한 일에 놀라지도 겁내지도 않는 가슴에 '굳은살'이 배기게 되는 것이다. 혼자 고군분투하며 나름의 방식으로 공식을 만들고 변수에 대응하며 '예외'라는 경우의 수도 대적할 수 있게 된다.

외식업은 소자본 창업이 가능하기에 문턱이 낮다. 창업을 생각하고 대박 매장을 방문해 보면 딱히 잘되는 이유를 찾을 수 없다는 사람이 많다. 오히려 불친절하고 맛도 평범해서 이 정도면 본인이 해도 잘할 수 있다고 생각한다. 이렇게 준비되지 않은 창업이 짧은 시간에 이루어지는 것은 요식업 자체를 너무 쉽게 생각하기 때문이다. 별다른 기술이 없어도 전문적인 공부를 하지 않더라고 가능해 보이는 것이 외식업의 함정이다. 창업 후 유지율이 낮은 이유이고, 나만의 무기가 꼭 필요한 이유다.

우리는 태어나면서부터 다섯 가지 재능을 타고난다고 한다. 그중 하나라도 일찍 발견해서 어릴 적부터 갈고닦을 수 있으면 행운이다. 하지만 우리나라 교육방식이 집단으로 경쟁하는 주입식이어서 각자 지니고 있는 능력을 발굴하는 데까지는 시간이 걸린다. 모든 숨겨진 재능은 경험으로 빛을 낸다. 돌아보면 인지하지 못하고 지나친 재능도 있을 것이다. 축적된 경험에서 만들어진 나만의 방식이 내가 사용할 무기의 재료로 쓰이게 된다.

나는 사람들이 각자 가지고 있는 무기를 찾게 도와주는 일을 하는 것에 기쁨을 느낀다. 저마다 반짝이는 재능이 있고 그것을 찾아 다듬고 매만지는 작업을 거치면 어느새 부쩍 성장한다.

직원들의 업무 배치 역시 잘하는 분야에서 능력이 더 개발되도록 만드는 것이 효율적이다. 그래야 성장 속도도 빠르고 팀워크 역시 좋아진다. 각자 사소하지만 '남보다 내가 더 잘하는 것'을 찾아보면 의외로 많다. 그것 중 내가 하려는 사업의 연결선상에 있는 것을 발견한다면 그것이 자신의 무기가 될 수 있다.

■ 흔들리지 않는 철학

스타벅스에는 진동 벨이 없다. 고객과의 소통을 중시하는 기업 이념 때문이다. 처음에는 불편함을 호소하던 고객들도 이제는 당연하게 받아들이게 되었고, 그런 불편함을 해소하기 위해 생긴 것이 '사이렌 오더'다. 매장에 도착하기 전에 미리 주문할 수 있는 기능으로 계산대 근처에서 서성거리는 시간을 줄일 수 있다. 처음 이 소식을 들은 하워드 슐츠 회장은 '판타스틱(Fantastic)'이란 반응을 보였다고 한다. 흔들리지 않는 철학은 나침반이고 모든 판단의 기준이 되어 새로운 관점을 발견하게 되는 것이다.

요즘은 자고 일어나면 새로운 문화가 생긴다. 기술의 발전으로 생기는 작은 변화가 우리 삶과 생활 패턴을 송두리째 바꾸고 있다. 우리는 생활 속 편의를 누리며 과거에는 얼마나 불편하게 살았는지조차 잊는다. 이러한 기술의 본질은 불편함을 해소하는 데 있다. 하지만 업의 중심이 되는 가치와 본질은 불변한다는 것을 기억하자. 지엽적으로 변하는 것에 초점을 맞추기보다는 변하지 않는 인간의 욕구에 집중할 필요가 있다.

아마존의 창시자 제프 베조스는 앞으로 10년 동안 어떤 변화를 예측하고 있느냐는 질문에 구태의연한 질문이라고 했다. 앞으로 10년 동안 바뀌지 않는 것이 무엇인지가 더 중요한 문제이기 때문이다. 그리고 "예측 가능한 정보를 바탕으로 사업 전략을 세우는 일이 더 쉽다.

사람들은 싼 가격과 빠른 배송, 다양한 상품을 원한다. 10년이 지나도 이는 변하지 않는다. 변하지 않는 것에 집중해야 하고 그런 곳에 돈과 시간을 할애해야 한다"고 했는데, 너무나 당연한 말이지만 많은 사람들이 간과하고 있는 것이다.

변화의 소용돌이 속에서 변하지 않는 가치를 찾고 만들어 가는 과정은 자신만의 확실한 철학이 뒷받침되어야 한다. 나는 '건강한 삶'에 큰 의미를 부여한다. 하지만 '건강함'은 범위가 너무 넓다. 이것을 찾는 간단한 방법은 건강하지 않은 것을 제거하면 된다. 인간관계에서부터 회사를 운영하는 일까지, 나아가 메뉴를 개발할 때도 모든 판단 기준이 된다. 누구나 자신만의 관점에서 중요하게 생각하는 부분을 찾아보자. 그것이 추억이 될 수도 있고, 자유가 될 수도 있다.

■ 관점의 전환

위기의 순간이 기회가 될 수 있는 것은 관점을 전환했을 때 가능하다. 관점을 바꾸면 보이지 않던 가치가 보이고, 그곳은 블루오션이 될 확률이 높다. '고객 입장에서 생각하라'는 말이 막연하게 들린다면 고객이 느끼는 '감정'으로 관점을 바꿔 보자. 우리 회사 제품이나 서비스를 통해 느끼는 고객의 감정이 내가 전하고자 하는 메시지와 일치했을 때 반응이 생긴다. 그리고 우리가 해야 할 일은 지속적으로 느낄 수 있는 '감정'을 어필해야 한다.

습관의 시장에는 창조적인 발상이 반드시 필요하다. 그렇기에 소비자들에게 새로운 습관을 제안해야 한다. 오늘날 스마트폰 시장은 그것에 정확하게 부합되는 시장이다. 또한 단순히 습관을 만드는 것이 아니라 기존의 습관을 바꿀 수 있다면 더없이 좋다. 습관을 만들거나 바꾸는 것은 내 사업의 미래를 보장받는 일이다. 새로운 라이프 스타일의 제안은 트렌드를 만들어 나간다.

스티브 잡스는 고객의 필요를 예측하고 창조했기에 최고라는 찬사를 받았다. 소비자들이 느끼지 못하는 영역까지 진입해서 소비자들의 관점을 뛰어넘어 생각지 못한 새로운 창조적인 제품을 만들어 냈다. 세상의 흐름을 따라가지 않고 전혀 다른 방식을 세상에 선보였다. 다른 사람이 흉내 낼 수 없는 자신만의 스타일을 만들어 관점을 바꾸게 했고 당당히 창조자가 되었다.

사람들의 습관의 흐름이 어느 방향으로 가는지 아는 것은 매우 중요하다. 나아가 사람들이 향하는 물길을 바꿔 보려는 시도는 혁신의 원동력이 된다. 고객이 필요로 하는 것을 뛰어넘어 필요하다는 것을 느끼지 못하는 것까지 찾아내어 창조하는 것은 쉽지 않다. 하지만 현재의 불편함을 해소하는 것에 관심을 가지고 고객의 감정에 집중하다 보면 어려운 일도 아니다.

관점을 바꾸려는 시도는 초점에 집중하는 것에서 시작한다. 새로운 모든 일은 언제나 난관에 봉착한다. 업무 프로세스가 간단하게 정리되지 않았기 때문이다. 복잡하게 얽혀 있으니 초점이 흐려진다. 심플하게 정리하고 문제의 해결점을 찾으면 사람들은 말한다. "왜 진작 이 생각을 못했지?"

우리는 고객의 문제점을 분석하는 것에 초점을 맞추고 그들이 무엇에 가치를 두는지, 니즈가 무엇인지에 집중해야 한다.

38

고객은 소비에서
특별한 가치와
의미를 찾는다

'착한 소비'란 개인의 소비가 이웃, 사회, 나아가 환경에까지 미치는 영향을 고려하는 윤리적 소비를 말한다. 소비자는 공정무역 제품을 구입하거나, 어린이 노동력을 착취한 제품 또는 동물실험을 한 제품은 불매운동을 한다. 환경오염을 줄이는 친환경 제품을 이용하고 재활용하는 업사이클링 등이 대표적인 착한 소비의 사례다. 소비자는 누군가에게 도움이 되는 제품을 구매하는 것에 의미를 두고 윤리적 기업과 함께한다는 것에 가치를 부여한다.

■ 다양하게 확산되는 착한 소비

미국의 신발 회사 '탐스'는 신발 한 켤레를 사면 가난한 나라의 아이들에게 신발 한 켤레를 기부한다는 콘셉트다. 고객이 제품을 구입하면서 '나는 기부하기 위해 신발을 산다'라고 생각하게 만들었다. 좋은 일을 해서 선물을 받은 것이라고 '신발'에 의미를 부여한 것이다. 이는 전 세계 젊은이들의 '착한 소비'를 이끌어 내며 세계적인 브랜드로 성장했다.

탐스는 신발 외에 원두 한 팩이 소비되면 물 부족을 겪는 빈민층에게 일주일 동안 사용할 수 있는 물을 전달하는 캠페인도 한다. 탐스는 이렇게 사업 영역이 확장돼도 'one for one'을 고수하며 브랜드의 본질을 유지하고 있다. 제품의 기능적인 면보다 제품이 담고 있는 이야기를 고객에게 들려주는 방법이다.

주변에서 쉽게 접할 수 있는 윤리 소비 중 공정무역 제품이 있다. 공정무역은 생산자 간 직거래와 공정한 가격, 정당한 노동, 친환경 재배를 중심으로 한 소비다. 우리가 소비하는 커피 가격에 비해 제3세계 노동자들의 수입이 턱없이 낮다는 사실이 알려지면서, 세계적으로 공정무역 제품에 대한 선호도가 높아졌다.

국내에서는 아름다운가게의 아름다운커피가 2003년 공정무역 사업을 시작하면서 처음으로 알려졌다. 아름다운커피는 '빈곤을 심화시키는 무역을 빈곤을 해결하는 수단으로(Changing Trade to Change the World)'라는 슬로건으로 커피뿐 아니라 초콜릿, 코코아 등 공정무역으로 거래한 제품을 판매하고 있다.

고객은 소비에서 특별한 가치와 의미를 찾고자 한다. 자신의 소비가 누군가에게 도움이 된다는 것에 의미를 두고 뿌듯함을 느낀다. 윤리적 경영을 실천하는 기업의 제품이라면 비용이 좀 더 들어도 구매 의사가 있는 것이다. 대부분의 소비자들은 본인의 의지와 관계없이 본능적으로 착한 소비를 한다. 재래시장을 이용하는 것도, 친환경 제품을 사용하는 것도 착한 소비다. 이러한 소비는 비교적 쉽게 기여할 수 있는 방법으로 고객의 자기만족을 실현시킬 수 있는 장치가 된다.

하지만 착한 소비의 본질을 훼손하거나 진정성이 없다면 고객에게
외면받는다. 착한 소비를 한 것에 대한 정확한 피드백이 요구되는 이
유다. 실제로 누가 어떤 혜택을 받았는지를 공개한다면 좀 더 많은 소
비를 이끌어 낼 수 있다.

가치관이 변하면서 가격 대비 성능을 강조하는 '가성비'에서 가격에
관계없이 심리적 만족을 추구하는 '가심비'가 중요해지고 있다. 위안
부 할머니들을 돕기 위한 에코백 구입, 동물실험을 하지 않은 화장품
소비, 장애인 고용 기업의 제품 구매 등 자신이 지향하는 가치를 지
닌 제품은 가격이 비싸도 기꺼이 소비하는 이른바 '가치 소비'가 확산
되고 있다

■ 신념을 파는 생산자, 가치를 사는 소비자

소비자는 해당 상품이 나온 배경과 출시 후 미래의 영향을 내다보
며 생산자와 상품의 이면을 들여다본다. 그리고 기꺼이 무형의 가치
에 소비한다. '마리몬드'는 사회에서 소외받는 사람들의 존엄성 회복
을 꿈꾸는 라이프 스타일 브랜드다. 특히 위안부 할머니에 대한 스토
리텔링과 그를 연결한 제품으로 유명해졌다. 디자인 제품, 콘텐츠, 커
뮤니티를 통해 존귀함의 메시지를 전하고자 하는 그들이 매우 인상적
이다. 디자인 제품은 세월호 리본 배지, 소녀상 배지, 위안부 할머니
의 이야기를 꽃 패턴으로 풀어낸 스마트폰 케이스까지 다양하다.

또한 제품 판매 수익금 일부는 위안부 관련 단체에 기부한다. 마리
몬드는 20~30대 젊은 여성들 사이에 두터운 팬덤을 형성하고 있고,
이들을 '마리몬더'라 부른다. 명확한 신념을 바탕으로 한 착한 소비

도 영향이 있겠지만 마리몬드의 특별한 점은 소통과 참여다. 고객을 위한 다양한 참여 프로그램을 진행하며 신념이 같은 이들을 찾아 장학금을 전달하기도 한다. 소비자를 팬으로 만드는 콘텐츠와 커뮤니티, 그것을 바탕으로 완성되는 소통이 마리몬드의 힘이다.

스타벅스는 환경 오염의 주범인 플라스틱 빨대를 퇴출하고 종이 빨대를 선보였으며, 서브웨이는 샌드위치를 하나 사면 하나를 초록우산 어린이재단에 기부하는 행사를 진행했다. 소비자는 제품 구매가 기부로 연결되고, 기업은 수익과 기업 이미지까지 향상시킬 수 있어 공유 가치를 창출할 수 있는 방법이다. 밀레니얼 세대와 Z세대는 소비자에서 머무는 것에 만족하지 않고, 자신의 가치에 부합하는 상품을 만들어 파는 생산자로 진출하는 것을 마다하지 않는다.

와디즈, 카카오메이커스, 아이디어스 등이 요즘 핫한 플랫폼이다. 생산자들 중에 대학생이나 직장인들도 있다는 것은 깨어 있는 소비자와 생산자가 늘면서 가치 소비 생태계의 특징을 보여 준다. 이제 소비자들의 가치 소비는 트렌드다. 〈트렌드 코리아 2020〉은 이를 '페어 플레이어'라고 말한다. 개인이 정치적·사회적 신념을 적극적으로 표현하길 주저하지 않는 '미닝아웃(meaning-out)' 세대들은 자신의 소비가 지역사회에 공헌하거나 삶의 질 향상으로 이어지기를 희망한다.

최근 중간 유통 과정을 생략하고 믿을 수 있는 제품을 합리적으로 소비할 수 있는 플랫폼도 늘고 있다. 쇼공은 '쇼핑을 공장에서'라는 콘셉트로 공장과 소비자를 직접 연결해 주는 '중간 유통 과정 최소화'로 합리적인 소비가 가능한 플랫폼이다. 브랜드에 가려진 공장을 발굴하여 공장이 만들어 내는 본질적인 가치를 소비자에게 직접 전달한다. 그렇게 공장에는 생명력을 불어넣어 주고, 소비자에겐 더 나은 선택을 할 수 있는 새로운 시장을 제안한다.

소비자들이 경험하는 착한 소비, 윤리적 소비의 내용도 다양해지고 있다. 특히 친환경 제품 사용과 사회적 배려 계층이 생산하는 제품의 소비, 제품 가격의 일정액을 사회에 기부하는 기업의 제품을 구매함으로써 간접적으로 착한 소비에 동참하는 것도 트렌드다.

착한 소비가 하나의 트렌드로 자리잡은 이유는 소비에 대한 사람들의 인식 변화에 있다. 온라인을 통해 알 수 있는 정보가 많아지면서 소비 자체에 '의미'와 '가치'를 부여하는 경우가 늘어난 것이다.

윤리적인 소비자들은 비윤리적인 기업의 제품보다는 누군가에게 도움을 주는 제품을 구매하는 것에서 의미를 찾는다. 이는 소비자들이 '비윤리적인 방법으로 비용을 줄인' 제품보다 '생산자, 협력업체 등에 합당한 가격을 지불한 제품'에 더 큰 의미를 부여하는 것으로 볼 수 있다.

친환경 소비, 사회적 약자를 보호하는 소비, 유통단계에서 누구도 손해 보지 않는 소비, 사회문제 해결에 기여할 수 있는 소비 등의 '착한 소비'에 관심을 가져보자.

39

전문성은 자신이 투자한 시간에 완벽하게 비례한다

카네기의 연설 중 성공적인 사업가에 대한 이야기가 있다.

"여기 성공의 기본 조건이자 위대한 비밀이 있습니다. 그것은 바로 여러분의 에너지와 생각, 돈을 현재 하고 있는 일 하나에만 집중하는 것입니다. 하나의 제품이나 서비스로 일을 시작했다면 그 분야에서 끝장을 보겠다는 마음으로 최고가 되어야 합니다. 그 분야에 대해 가장 많이 알아야 합니다."

내가 하는 일에 전문가가 되어야만 성공할 수 있다는 말이지만, 진정한 전문가는 내 분야만 잘 안다고 되는 것은 아니다. 주변 사람들과 진정으로 교감할 수 있어야 자타가 인정하는 전문가가 되는 것이다.

■ 1만 시간의 법칙

전문성은 자신이 투자한 시간에 완벽하게 비례한다. 위대한 화가 미켈란젤로는 "내가 그림에 통달하기 위해 얼마나 열심히 노력했는지 사람들이 안다면, 이 실력이 전혀 대단해 보이지 않을 것이다"라고 했다. 전문가란 결국 자신이 현재 하는 일에 몰입해서 지속적으로 연구하고 고민하는 사람이다.

세계적인 전문가가 되려면 1만 시간을 투자하라는 말이 있다. 《재능은 어떻게 단련되는가?》의 저자 제프 콜빈은 "분야에 상관없이 심사숙고하고 의도된 연습(deliberate practice)"으로 1만 시간을 채워야 최고 수준에 도달할 수 있다고 했다.

'1만 시간의 법칙'은 한 분야에서 남다른 성취를 이루기까지 1만 시간의 노력이 필요하다는 것을 의미한다. 이 법칙은 여러 연구와 사례를 통해 평범과 비범을 나누는 기준이 된다.

사업을 시작했고 성공을 다짐했다면 전문가가 되기 위한 여정에 오른 것이다. 내가 이루고 싶은 꿈을 위해 헌신할 준비가 되었다면 매일 3시간씩 10년을 투자해야 진정한 전문가가 될 수 있다는 얘기다. 이것은 누구나 시작할 수 있지만 아무나 이룰 수 없는 험난한 길이다. 내가 하는 일에 대해 다른 사람을 설득하고 이해시켜야 하는 책임이 있다는 것을 인지해야 한다.

전문가는 내가 하는 사업을 한마디로 정의할 수 있어야 한다. 이것은 사업의 본질을 알아야 하고 내가 기여할 수 있는 부분이 무엇인지 명확해야 한다. 전문가로서 사회에 보탬이 되고 누군가에게 도움을 줄 수 있는 사람이 되겠다는 사명의식이 있어야 한다.

'배달의 민족'은 배달 음식의 정의를 '사랑하는 사람들과 나누는 행복한 시간'이라고 한다. '배민'은 고객의 욕구를 중심으로 사업을 정의한 것이다. 고객의 욕구나 필요를 중심으로 사업을 정의하는 것은 경쟁자와의 차별점을 확실하게 알릴 수 있는 방법이다.

성공 철학의 거장 나폴레온 힐은 성공의 법칙에서 "성공적인 리더라면 매 상황에 따라 자신의 마음을 카멜레온처럼 바꿀 수 있는 능력을 지니고 있어야 한다"고 했다. 급변하는 상황에서 당황하거나 조급함을 내비쳐서는 안 된다는 말이다. 사업은 단거리 달리기가 아니라 마라톤이라고 한다. 그런데 막상 사업을 하다 보면 단거리 달리기를 할 때처럼 한 호흡으로 질주해야 하는 상황의 연속이다. 마라톤을 단거리 속도로 달리려면 이것에 맞는 전략이 있어야 한다.

어느 분야든 탁월한 성과로 성공한 사람들은 예외 없이 힘든 시간을 거쳤다. 이들의 행로를 보면 1만 시간을 채우는 과정은 결코 쉽지 않다는 것을 알 수 있다. 곳곳에 도사리고 있는 지뢰와 장애물은 어지간한 정신력이 아니고는 버티기 힘든 인고의 시간이다. 나 자신에 대한 확고한 믿음 없이는 결코 이룰 수 없다는 점은 그들이 더욱 위대해 보이는 이유다.

지식은 빠르게 습득할 수 있지만 노하우는 오랜 경험을 거쳐야 생긴다. 전문가란 이렇게 자신의 경험을 바탕으로 판단하고, 위기도 기회로 만들어 낼 수 있는 사람이다.

■ 전문가는 증명할 수 있어야 한다

제품을 생산하거나 메뉴를 개발할 때 만드는 방법뿐 아니라 왜 그렇게 해야 하는지 이유를 아는 것이 중요하다. 원리를 안다는 것은 각각의 요소가 가지고 있는 특성과 상호 관계에 미치는 영향까지 파악해야 가능하다. 궁극적으로 어떤 문제가 발생하더라도 그것을 해결하기 위해서는 어떤 방법이 필요한지 알 수 있다. 일반인에게 쉬운 언어로 설명할 수 있어야 하고 그것이 설득력을 지닐 때 전문가가 되는 것이다.

〈타임〉지에 의해 미국에서 가장 영향력 있는 25명 중 한 명으로 선정된 스티븐 코비 박사는 저서 《원칙 중심의 리더십》에서 "원칙 중심의 리더들은 그들의 경험을 통해 끊임없이 배운다. 책을 읽고, 기회 있을 때마다 교육을 받고, 또 각종 강의에 참석한다. 그들은 다른 사람의 말을 경청하며 자신의 눈과 귀를 통해 배운다. 그들은 호기심이 강하여 끊임없이 질문한다. 그들은 계속해서 역량을 키워 나가고 일처리 능력을 개발해 나간다. 그들은 자신이 아는 것이 많아질수록 모르는 것도 많아진다는 사실을 발견한다"고 했다. 지식의 원이 커지면 상대적으로 무지의 영역도 커진다는 사실을 말하는 것이다.

말뿐 아니라 증명할 수 있어야 진짜 전문가다. 스스로가 가진 전문성을 보여 줄 수 있어야 한다. 사업을 시작하면 제품이나 서비스의 실체 없이는 스스로의 전문성을 알릴 수 없다. 자기 분야의 특징을 잘 살리고 범주화시키는 능력이 요구되는 것이다.

전문가는 왜 내가 이 분야에서 전문인지를 확인시키기 위해 전문성의 범위와 깊이를 확장할 수 있어야 한다. 설명을 증명할 수 있어야 하고, 증명한 내용을 통해 실현 가능하다는 것을 보여 줘야 한다.

■ 교감으로 소통할 수 있어야 진정한 고수다

고객의 마음과 연결되면 많은 일에 기쁨을 느낄 수 있다. 친정 엄마 생신 케이크를 주문한 고객이라면 엄마가 기뻐하는 모습을 떠올리면 기분이 좋을 것이다. 사랑하는 아들의 결혼 축하 선물을 고르는 고객이 어떤 기분일지 떠올려 보자. 내가 하는 일이 누군가에게 기쁨이 되고 행복을 전할 수 있는 일이라는 사실을 알면 귀찮게 느껴졌던 많은 것들이 달라진다.

직원도 마찬가지다. 그들의 행복을 보살펴야 한다는 생각으로 접근하면 어느덧 고마운 존재가 된다. 공감이란 다른 사람의 감정이나 생각을 알아채서 이해하고 존중해 주는 능력이다. 다른 사람이 무엇을, 어떻게, 왜 느끼고 생각하는지 올바르게 파악하는 능력인 것이다.

임상심리학자 스티븐 스타인은 저서 《감성에 열광하라》에서 "공감은 곧 다른 사람의 감정을 읽을 수 있다는 뜻"이라고 했다. 공감을 잘하는 사람은 다른 사람에게 관심을 갖고 그들의 고민을 해결하기 위해 노력한다. 그렇게 함으로써 사회에 꼭 필요한 존재로 존경과 존중을 받을 수 있는 전문가가 되는 것이다.

이와 같이 자신이 판매하는 제품에 대해 전문성을 쌓고 그것으로 자신의 정체성을 확인할 수 있어야 한다. 내가 원하는 삶을 인지하고, 내가 기여할 수 있는 부분이 무엇인지 자기 소명을 깨닫게 되면 어느덧 전문가로 불리게 된다.

내가 하는 사업과 관련된 과거의 지식과 경험을 바탕으로 현실을 직시하고 변화해야 한다. 그것을 응용해 새로운 것을 창조함으로써 전문성을 판단할 수 있게 된다. 그렇게 전문가는 경험에서 나오는 통찰로 더 나은 것을 창조할 수 있는 사람이다.

40
공부하는 사장 되기
아는 만큼 보이고
두드려야 열린다

우리는 얼마나 만족스런 하루를 살고 있을까? 어느 날 문득 시간이 아깝다는 생각이 들 때가 온다. 세월의 속도는 나이와 비례한다고 한다. 미래의 내 가치를 높이려면 오늘을 바꿔야 가능하다. 누구나 공평하게 주어지는 24시간을 얼마나 가치 있게 보내는가에 따라 모든 것이 달라진다. 내가 바뀜으로써 직원이 바뀌고 직원이 달라져야 회사가 성장한다.

■ 책에서 익히는 간접 경험

《빌게이츠@생각의 속도》에서 빌 게이츠는 "나에게는 단순하지만 강한 믿음이 있다. 정보를 탁월하게 이용하는 것이 경쟁사로부터 자기 회사를 차별화하는 가장 의미 있는 방법인 동시에, 일반 대중과 자신의 거리를 벌리는 최선의 길이라는 믿음이다"라고 했다. 어떻게 정보를 수집해서 이용하는가에 따라 결과가 달라진다는 의미다.

또 "현대는 무한 경쟁 시대다. 전보다 훨씬 많아진 기업들이 전보다 확대된 글로벌 시장에서 치열한 경쟁을 벌이고 있다. 따라서 경쟁사나 시장에 대한 정보 또한 훨씬 많아졌다"고 했다. 이것은 지속적으로 학습을 하는 자만이 살아남는다는 말이다.

나는 두 종류의 독서모임을 한다. 책은 혼자 읽으면 편식하는 경향이 있다. 일주일에 두 권 정도 읽어야 두 모임에 참석할 수 있다. 《오늘부터 책을 따라하기 시작했다》의 저자 김종문 씨는 책을 읽었으면 내 인생에 써먹어야 진짜 독서라고 한다. 책은 누구나 읽지만 실천하는 사람이 많지 않기 때문이다.

내가 해 본 방법 중 가장 유용한 것은 책을 읽기 전 그 책을 읽는 목적을 한 가지로 정하는 것이었다. 목적을 정하고 책을 읽으면 목차에서 답을 찾는 경우도 있어 전체를 다 읽지 않고도 많은 것을 얻을 수 있었다.

《공부에 미친 사람들》의 저자 김병완 씨는 "끝까지 공부하는 힘은 오직 즐기는 것뿐"이라면서 "공부는 우리를 새로운 지식의 세계로 이끌어 주기도 하지만, 그전에 먼저 우리 스스로 설정한 내면의 한계를 딛고 일어나 생각의 벽을 허물어 주는 역할을 한다. 여기에 공부의 진정한 기쁨이 있다. 진짜 공부가 시작되면 자신의 무지가 보이고 아집이 보이며 편협된 생각들이 보인다. 끝없는 자만에 빠졌던 스스로가 부끄러워지고 비뚤어진 자아의 실체가 정확히 그 모습을 드러낸다"고 했다. 공부를 하면 할수록 나의 무지를 깨닫게 되니, 한 단계 더 성장하게끔 이끌어 주는 수단이 바로 공부인 것이다.

누구나 한 번은 창업을 하는 시대이고 이와 관련된 내용을 친절하게 설명해 주는 책도 많다. 창업 후에도 마찬가지다. 책만큼 싸고 친절한 선생님이 없다. 물론 요즘은 유튜브에도 좋은 컨텐츠가 넘친다. 아는 만큼 보이고 두드려야 열린다. 컨설팅 전문가들의 책을 보면 바로 적용 가능한 방법들이 수두룩하다. 똑같이 따라하는 것보다 나에게 맞는 방법을 선별해서 나답게 바꾸면 된다. 기발한 아이디어는 원리를 이해하면 얼마든지 변형이 가능하다.

■ 멘토에게 배운다

멘토링(mentoring)이란 풍부한 경험과 지혜를 겸비한 신뢰할 수 있는 사람이 조언을 하는 것이다. 그리스 신화에서 유래한 말로 현명하고 성실한 조언자를 멘토(mentor), 조력을 받는 사람을 멘티(mentee)라고 한다. 내가 경험하게 될 방향과 고민들을 미리 경험한 선배들에게 조언을 들을 수 있다면 더 나은 선택을 할 수 있다.

좋은 멘토를 알아보려면 그만큼 괜찮은 사람이 되어야 한다. 멘토의 필요성을 느꼈다면 주변에 요청하는 것도 방법이다. 좋은 멘토들은 열정이 있는 사람을 반갑게 맞아 준다. 멘토가 필요한 이유는 나의 미래를 긍정적으로 변화시키기 위함이다.

멘토가 여러 명이면 더욱 좋다. 인생 전반에 대한, 사업에 대한, 육아에 대한 조언을 들을 수 있다면 금상첨화다. 속마음을 털어놓을 수 있다는 것만으로 고민의 무게가 줄어들고 대화를 통해 답을 찾기도 한다.

다양한 분야의 멘토를 찾아 자문을 구하고 도움을 요청하자. 책을 읽다가 어느 내용이 마음에 와 닿으면 그 느낌과 궁금증을 써서 메일로 보내는 것이다. 강연을 들었는데 감동적이었다면 찾아가서 만나기를 요청하자.

멘토가 있으면 성장하는 데 도움이 된다. 또한 본인이 하고 싶은 사업 분야에서 성공한 사람을 만나는 것은 그 자체만으로도 큰 에너지를 얻을 수 있다. 사업을 하다 보면 직원이 5명일 때 고민이 다르고 10명일 때 다르다. 15명이 넘어가면 오히려 편해진다. 조직이 갖춰지기 때문이다.

나의 멘토인 김승호 회장은 직원이 30명쯤 되면 어떻게 되는지, 또 200명이 되면 어떻게 관리해야 하는지를 들려준다. 내가 거쳐야 할 많은 것들을 이미 경험했기에 방향을 잡고 판단력을 키울 수 있도록 조언해 주는 것이다. 이것은 사업을 하면서 아주 큰 힘이 된다.

조언을 구하는 것도 요령이 필요하다. 나의 문제점과 궁금증에 대한 정리가 되어 있지 않다면 올바른 질문을 할 수 없다. 자신이 가지고 있는 문제에 대한 질문을 스스로에게 해 보는 것이다. 나에게 질문하는 습관을 들이면 어느 날 문득 스스로 답을 찾기도 한다.

그리고 자신이 원하는 부분을 갖추고 있는 분을 찾기 위해 노력하고 만날 수 있는 방법을 찾아보자. 사람마다 인생의 변곡점이 있다. 좋은 멘토를 만나서 원하는 삶을 살기 위해 노력한다면 분명 꿈꾸는 바를 이루게 될 것이다.

■ 내 주변에 있는 사람들의 평균이 나 자신이다

도서관에 가 보면 공부하는 사람이 많다는 것에 놀란다. 비즈니스 조찬 모임에 나가 보면 새벽 이른 시간에 정장을 차려입고 열심히 자기 사업에 대해 설명하는 대표들을 보며 자극을 받는다. 내 현실의 변화를 원한다면 내가 바뀌어야 한다. 어제의 내가 오늘의 나를 만들었고, 오늘의 내가 1년 후 나를 만들기 때문이다.

가장 쉬운 첫 번째 방법이 만나는 사람을 바꾸는 것이다. 내가 닮고 싶은 사람, 내가 원하는 삶을 사는 사람, 자신의 성장을 위해 꾸준히 노력하는 사람들 속에 속하는 것이다.

내가 속하는 모임의 성격이 달라지면 또 다른 세상을 보게 되고 시야가 바뀐다. 생각의 범위가 넓어지고 깊어진다. 생각이 달라지면 행동에도 변화가 생긴다. 결국 내가 바뀌게 되는 것이다.

사업하기로 마음먹었다면 준비 과정부터 비슷한 생각을 가지고 계획하는 사람들의 모임을 찾아보자. 서로 정보를 나누고 이와 관련된 강의를 들으며 피드백을 나눌 수도 있다. 같은 업종에서 잘나가는 곳을 찾아가 대표를 만나보는 것도 좋은 방법이다.

창업 관련 강의뿐 아니라 리더십, 브랜딩, 경청 등 유익한 강의가 많다. 요즘은 온라인 강의도 대중화되면서 예전보다 쉽게 좋은 강의를 접할 수 있다. 온·오프라인 강의를 듣고 나면 같이 배운 동기들과 모임을 이어갈 수 있는데, 이것도 적극 추천한다. 비슷한 주제에 관심을 가지고 있는 사람들의 모임이기 때문에 서로 피드백을 해 줄 수 있는 관계로 발전할 수 있다. 열매는 새로 생긴 가지에서 맺는다. 새로운 인간관계 속에서 지속 성장이 가능하고 끝없이 배울 수 있는 기회를 찾게 된다.

당신은 훗날 어떤 사람으로 기억되기를 바라는지 스스로에게 질문해야 한다. 피터 드러커는 《프로페셔널의 조건》에서 "어떤 사람으로 기억되기를 바라는가에 대한 질문은 우리 각자를 스스로 거듭나는 사람이 되도록 이끌어 준다. 왜냐하면 이 질문은 자기 자신을 다른 시각에서 바라보도록 하기 때문이다. 즉 더 나은 사람이 되기 위해 최선을 다하게 만든다"라고 했다.

자신의 가치를 높이기 위해 꾸준히 학습하고 스스로를 돌아보며 점검하는 노력이 더해질 때 성공하는 사업가가 될 것이다.

100년 가는
작은 가게